●歩行を守るいきいきマニュアル

杖と歩行器がわかる本

慶応義塾看護短期大学前学長
監修　平林　洌

総合指導　順天堂浦安病院
リハビリテーション室

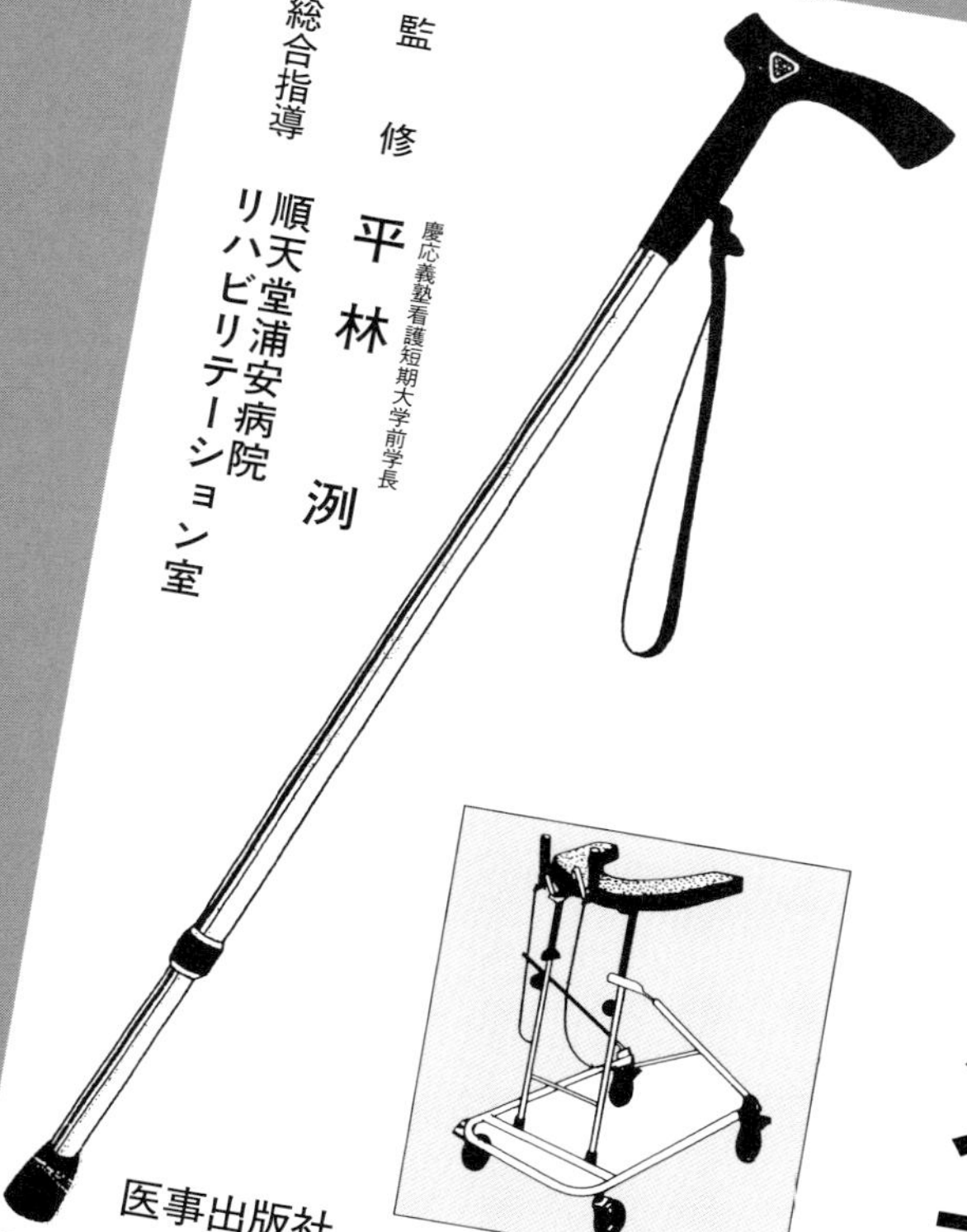

医事出版社

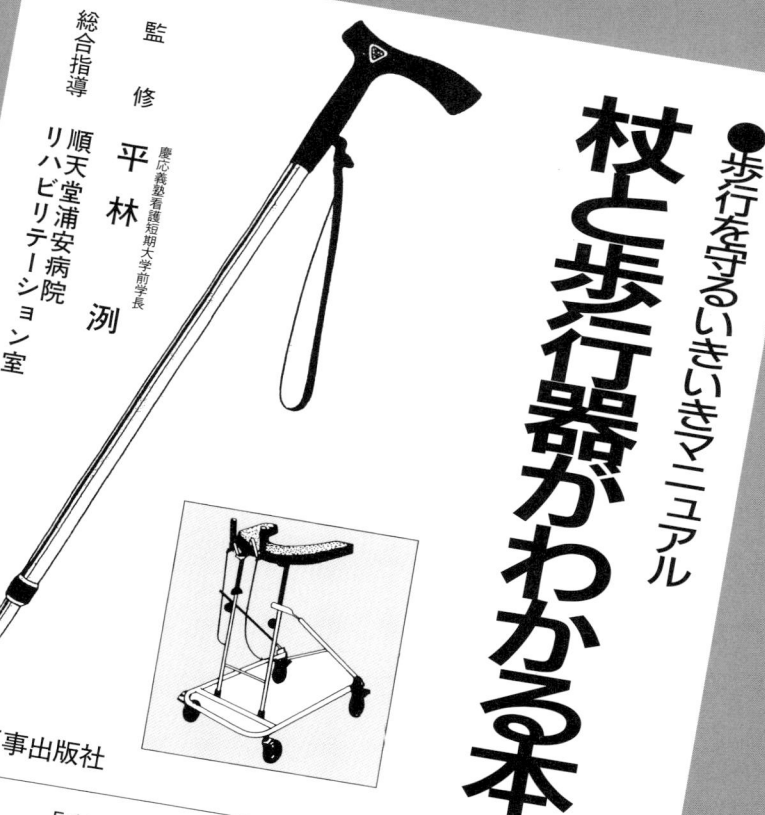

「老化は足から」は世のたとえです。
長寿国の多くは、歩行補助具を上手に使い、転ばぬ先の自衛に備えています。
転んでケガをして、寝たきりになるより、補助具を使ってでも歩くことが長寿のための秘訣です。

監修　平林洌
総指導　順天堂大学浦安病院リハビリテーション室
著者　小田木正男
山田澄代
写真提供　ステッキのチャップリン／日本アビリティーズ協会
イラスト　築地デザイン

序文

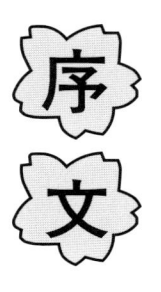

超高齢化を迎えた日本ですが、杖を必要とする歩行不自由者が激増しております。病院で診療にあたる第一線の先生方も、「最近杖をついてくる患者さんが多くなった」と述懐し、各科の診療待合室をみても、色とりどりの杖をついた患者さんが目立ちます。

昔から「老化は足から」といわれますが、人生50年時代から80年代に寿命が延びた代償なのでしょうか。

さて、二〇〇〇年は介護の年です。杖も歩行器も介護用品の1つですが、折角の歩行補助用品について、医学書も健康書もなく、ただ業界のカタログだけで、正しい使用法や解説が野放しにされているのはどういうわけなのでしょうか。

杖や歩行器は不遇の用具といわれます。病人や老人だけの専用品となり、若い人から「けぎらい」されて、出版意欲もなかったのでしょうか。

そんなわけで、参考文献も不十分な歩行補助具ですが、介護法の施行を記念し、不遇な杖と歩行器にも光りを与えるきっかけをつくりたくて本書の発行を企画しました。

いま、世界的には、世界保健機構（ＷＨＯ）を中心に、「骨と関節10年間」の運動が今後10年間にわたって展開されるとのことです（読売社会面）。

東京都の老人医療センターでは、すでに「転倒外来」を設けて、その予防・治療にあたっているとのことですが、お年寄りの転倒は、前述したように、寝た切りになる可能性を秘めています。

とくに大腿骨頚部骨折は、内側では難治例になることが多く、その予防にはもちろん、運動による筋肉や反射機能の強化が最も大切ですが、それとともに、転ばぬ先の杖の効用がバカにならないのです。

若い人にとっても、おじいさんや、おばあさんが転んで寝た切りになるより、生涯、健全な歩行を守り、闊歩された方がどんなにか幸せかわかりません。

杖…歩行器…などとバカにしないで、常に感謝に燃えた父の日、母の日、敬老の日にしたいものです。

この本は、そういうわけで、確たる文献のない手さぐりの執筆になりました。専門の諸先生、業界の方々、杖や歩行器を補助として歩行している多くの患者さんには、「何だ？……」と思われる不備不足や過ちもあると存じます。

お気付きの点は遠慮なくご指摘いただき今後を期したいと存じます。

最後に、本書の発行にあたり、監修人の平林 洌先生（慶応義塾短期大学前学長）には企画の段階よりご指導いただき、貴重な画像診断の写真のご提供をいただきました。

また日本医科大学リウマチ科教授吉野槇一先生にはリウマチ杖のご指導を、山梨医科大学名誉教授赤松功也先生には「変形性股関節症」の専門的なご指導をありがとうございました。

また、ステッキの「チャップリン」、日本アビリティーズ協会など本書の杖・歩行器の写真転載のご協力をいただきました。

お陰様で、日本初の歩行補助具の専門書が、二〇〇〇年の介護制度スタートとほぼ同時に完成しました。

ご指導・ご協力いただきました多くの関係者の皆様本当にありがとうございました。

合掌

平成12年7月吉日

著作兼発行人　小田木正男

目次

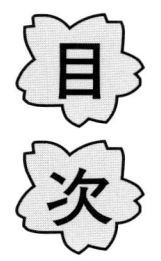

❶ 医療の杖とリハビリ読本

❷ 歩行を困難にする病気と杖の効用

❺ 介護保険と歩行補助具

1

医療の杖とリハビリ読本

日本医師会国際部監修

世界医師会のマーク

医療の杖とヘビの物語

アスクレピオスの蛇杖

●昔、昔、大昔の物語りです。ギリシャのある町にお医者さんが新しく赴任しました。その名をアスクレピオスと申しました。

●アスクレピオスは医学、治療の神で、常に杖を持ち、その杖には一匹のヘビが絡まっていました。魔法の杖の使い手ともいわれていました。

●ヘビは脱皮をしてヌケガラを残すことから、若返り—蘇生—復活を示し、神秘—崇拝—守護の象徴として当時の人々からあがめられていました。当時のギリシャではヘビ信仰は根強く、神聖な動物、聖なる蛇杖などとあがめられ、崇拝されていました。

●この時代のギリシャでは、神に仕えるものがヘビに患部をなめさせて治療したという説もあり、事実、紀元前に発掘された遺跡には、その彫刻がきざまれてい

日本医師会広報部監修

日本医師会のマーク

ました。

●古代の歩行には、道路が悪く、杖が必需品だったようですが、アスクレピオスの杖は医学・治療のための杖で、現代の身障者や盲人用の杖ではなかったようです。

●一八七〇年代に発掘された遺跡では、一匹のヘビが絡みついた、「医学の進歩で、人間の寿命が延びた分の健康維持」と記された杖が見つかりました。

●ヘビが絡みつく蛇杖を、世界の医師たちが「医学のシンボル」としたのは17世紀以降で、それまでの医師は自分の体にヘビを絡ませたり、ヘビを彫刻した杖を使用していたと伝えられています。その蛇杖のマークは、何千年も経過した現在も、上図のように、世界医師会や日本医師会に、厳然とその姿をとどめているのです。

このように、医学のシンボルとしてのアスクレピオスは、患者の治療のためにギリシャのある町に赴任しましたが、その町でも、「どんな病気でも治してくれるお医者さん。どんなことでも聞いて貰えるお医者さん」

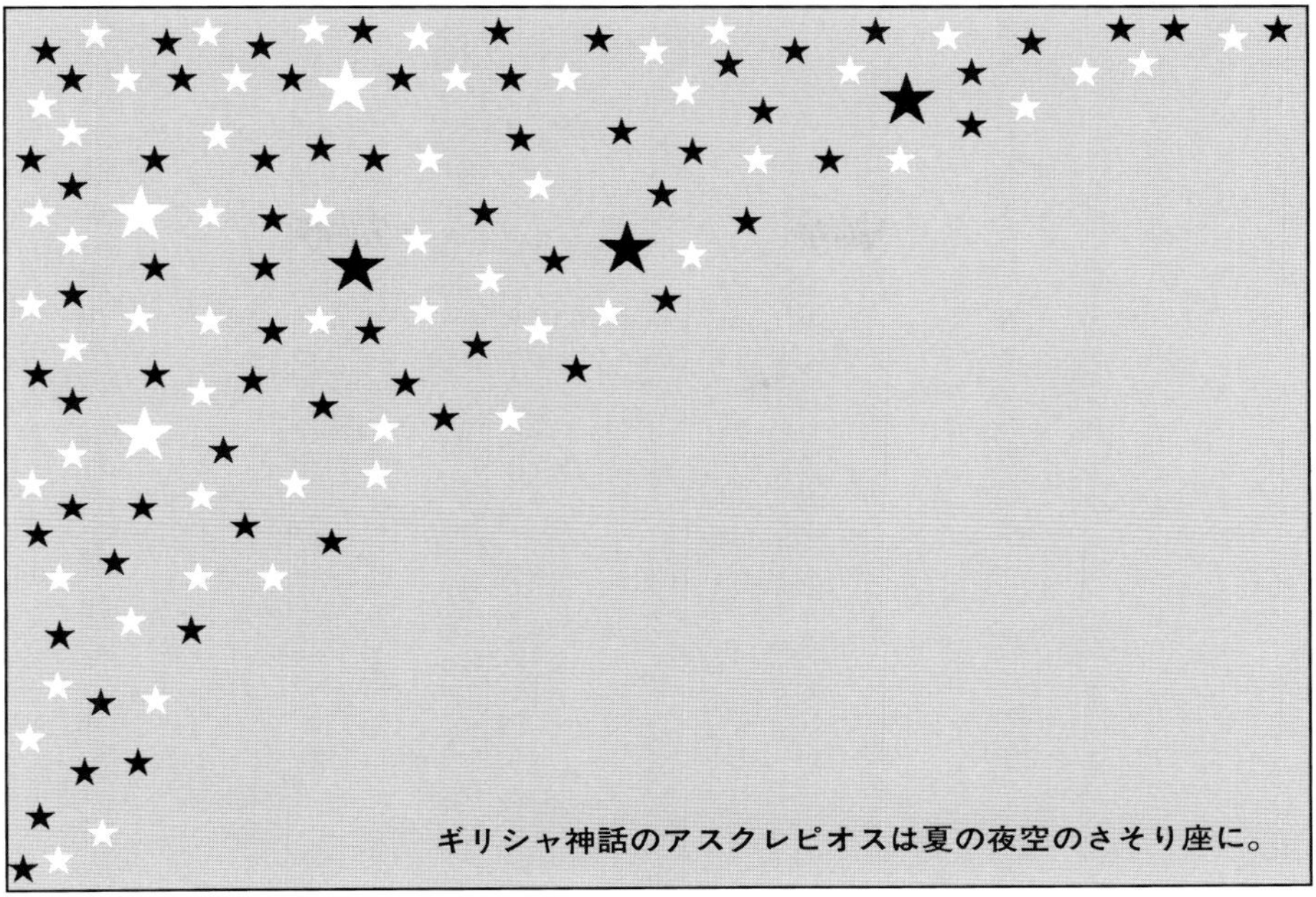

ギリシャ神話のアスクレピオスは夏の夜空のさそり座に。

ということで、近郷近在の大評判となりました。

●アスクレピオス様、「私はお腹が痛いんです。」「私は頭が痛いんです。」「私は腕を切ってしまいました」と、次々と治療に訪れる患者さんを次々とみんな治してしまったそうです。

●そしてあるとき、ノイローゼで、イライラが続いている患者さんが駆け込んできました。

アスクレピオス様「私はノイローゼみたいですが、何とか治して貰えませんか」。

それでは「目をつぶってください」というので、患者はいわれるままにしっかり目をつぶりました。「もういいですよ」と声がかかり、いわれるままに目をあけた患者は、びっくりしました。大きなヘビが見開いた目に飛び込んできたからです。

ノイローゼの患者はびっくりして気絶してしまいましたが、気絶から覚めた時にはノイローゼがすっかり治っていたという話です。一種のショック療法が用いられていたのでしょう。

●こうしてアスクレピオスの医学・治療の魔力は近郷

近在に大評判となりましたが、このアスクレピオスの蛇杖が、日本に紹介されたのは江戸幕府の頃といわれています。しかし、当時のギリシャ神話は日本にはなかなか受け入れられず、やっとアスクレピオスの蛇杖の意味が正しく伝わったのは明治の末期でした。

いま、世界医師会のマークも、日本医師会のマークも図に示すように、一本の杖に蛇が絡みつくマークで、それは当時（ギリシャ神話時代）の象徴をそのまま物語っているといえます。

このように私たちが、何気なく使う一本の杖ではありますが、その蔭には、何千年前のアスクレピオスの若返り～長寿～健康の思いが流れているのです。

医学を勉強されたお医者さんは、ギリシャ神話のアスクレピオスの蛇杖を知らぬ者はありませんが、杖を商品とするセールスマンやエンジニアの人達は、杖の若返り～長寿～健康の意味をどこまで理解されているでしょうか。

●ギリシャ神話のアスクレピオスは、現在夏の夜空にきらめくさそり座にその名をとどめているという話です。

参考文献

(1) ダイニックアストロパーク天究館ホームページ「へびつかい座の神話」

(2) 矢野憲一／杖＝ものと人間の文化史／法政大学／一九九八。

医療の杖とリハビリテーション

リハビリテーションを知ろう

医学的側面と社会的側面がある

リハビリテーションとは、目、耳、口、手足など、心身の不自由な人々が、社会的にも、経済的にも自立できるように、理学療法や作業療法などによって心身を回復させ、社会復帰させるように努めることです。

リハビリテーションは、通称リハビリと呼ばれていますが、そこには医学的側面と、社会的側面があります。医学的には、前述したように、心身の調整を行いながら、残されている健全な能力を最大にひき出して機能の回復を図ります。

一方、社会的側面では、ひき出された各人の能力なりに、地域社会と密接なかかわりを持ち、できる限り有意義な社会生活を送れるよう指導します。

リハビリの特性

リハビリは、一人の患者さんに対し、多くの専門家がかかわる特性があります。

① リハビリの専門医
② 看護婦
③ 理学療法士（起床、動作、歩行などの訓練を行う人）
④ 作業療法士（食事、着衣などの日常生活の動作を指導する人）
⑤ 言語療法士（話す、書く、読むなどの言語訓練を指導する人）
⑥ 義肢装具専門士
⑦ 社会福祉士など

患者一人の社会復帰のためには、このように多くの専門家が協力し合う密接なチームワークを必要とします。

リハビリの対象となる障害群

現在、リハビリの対象となる障害は次の通りです。

① 四肢の運動障害、発語障害
② 心筋梗塞の回復期の障害
③ 慢性呼吸器障害
④ 手術後などでの気力・体力の低下
⑤ その他

整形外科やスポーツ外来の治療では、ギプスなどによる固定や補装具による安静が必要になります。社会復帰のためには、この安静療法で固定した患部をほぐし、衰えた筋力を元に戻さねばなりません。

リハビリ科受診の手引き

リハビリ室は、前述したように、各科領域の患者さんが社会復帰のために、理学療法などのいろいろな療法を受けるところです。

ですから、例えば足が不自由だからと言って、直接受診しようとしても受け付けて貰えません。

足の不自由な場合は、まず専門科である整形外科を受診してください。そして、この科の診断と治療を受けて、理学療法が必要とか、杖の歩行が効果的と判断される場合に、はじめてリハビリ科に依頼票が回り、受診できるようになるのです。

再診からは、病院ごとのきまりがあると思われますが、初診では、このように、いきなりリハビリ科への受診はできない施設が多いので、くれぐれも注意してください。

不自由な体を支えるリハビリの自助具

手足の機能を回復に導くには、残されている健全な部分をフルに活用することが大切です。

そのためには、日常生活でも、自分でできることは、できるだけ自分でやるようにします。自分でできるようになれば、行動範囲が広がり、周囲の人の負担も軽減しますが、それ以上に、患者自身に自信が湧き、努力しようとする意欲が湧いてきます。この精神的効用障害のある手では思い通りの料理ができず、とくに、握る、持つ、つかむなどは不自由となり、不器用な料理になることもしばしばです。

でも「母ちゃんの作った料理はうまい」と子供や夫にほめられると嬉しくなり、「台所もリハビリの一つ」と考え、家庭の平和と幸せのために頑張っています。(一主婦より)

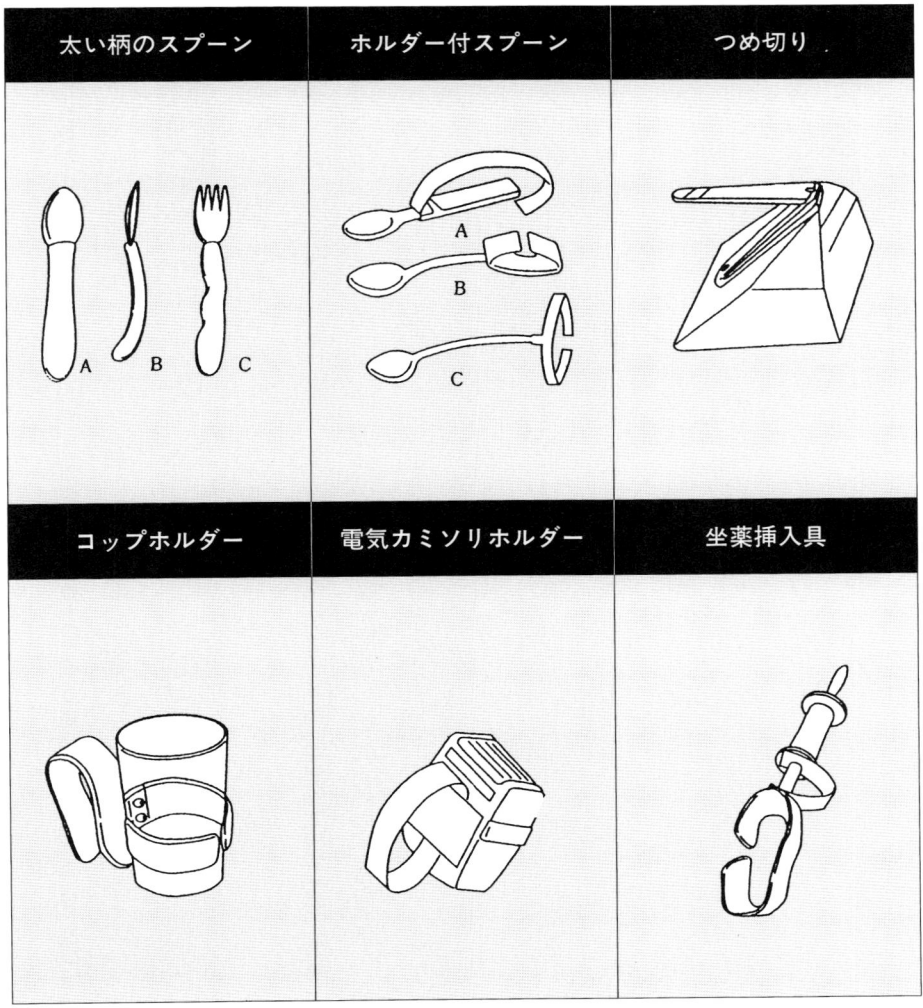

太い柄のスプーン	ホルダー付スプーン	つめ切り
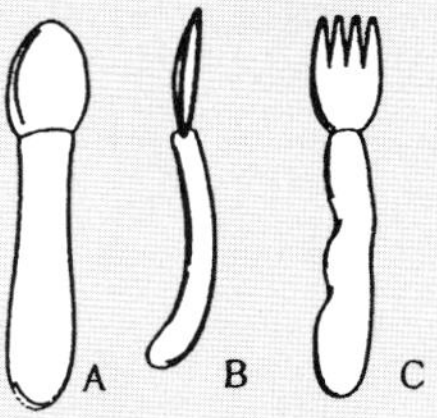	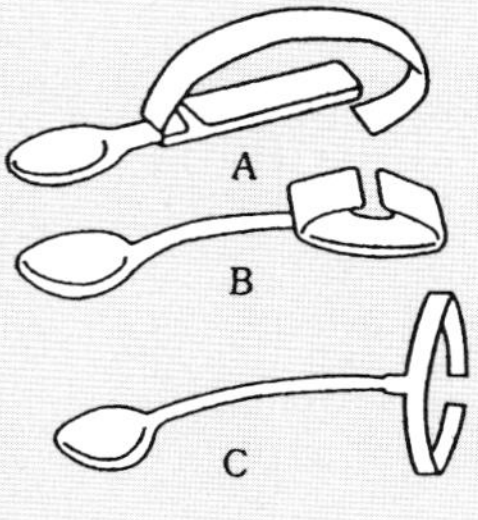	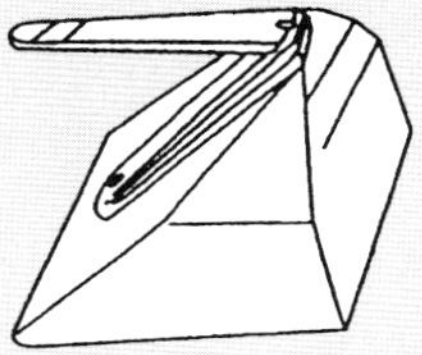
コップホルダー	**電気カミソリホルダー**	**坐薬挿入具**
	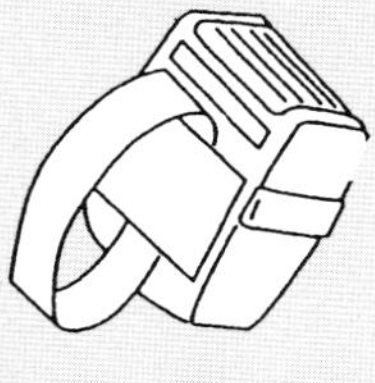	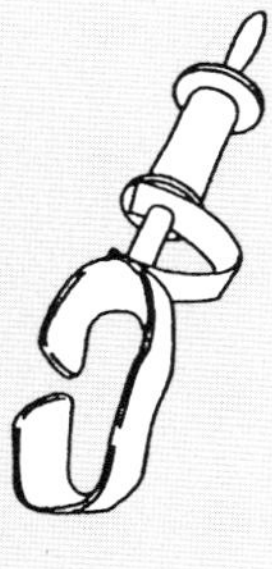

も大きなものがあります。

不自由な体を助ける用具が、前ページに示したリハビリの「自助具」といわれるいろいろな道具です。

医療用の杖はリハビリ科が専門

現在では、病院ごとに若干の違いがありますが、朝リハビリ室へ行くと、整形外科・スポーツクリニック・脳神経外科・内科などの患者さんがリハビリを目的に、車椅子や松葉杖など、それぞれの治療補助具や自助具を持って時間待ちしています。

起立や歩行障害のある人達の集まりでは、松葉杖、多点杖、クラッチ、T字杖など、恰も杖の展示場を思わせる風景が見られます。

私も最近、膝の故障でリハビリ治療を受けました。そこでは一通りの運動療法（ホットパックして、大腿四頭筋の強化訓練）を行ない、次いで杖の寸法を合わせ、平地歩行、階段歩行の基本的指導を受けました。

病院では、僅か一週間程度の基本的治療でしたが、あとは自宅で、日常生活をしながら風呂上がりに実行しています。

現在、看板にリハビリ科の標榜はあっても器械による理学療法程度の開業医院も少なくありません。

ですから、リハビリが専門と言っても、どこでも杖の寸法合わせや歩行方法を教えてくれるとは限りません。

とくに地方へ行くとその感を強く感じますので（次頁より）、専門家の指導を得て、足の不自由な人に役立つ正しい杖の使用法や知識についてアドバイスしていただきましょう。

表１　寝たきりになった原因の割合

脳卒中	21.2%	(23.6%)
老衰	11.7	(16.3　)
外傷・骨折	10.8	(11.4　)
リウマチ・関節炎	8.2	(4.9　)
高血圧	7.9	(8.9　)
心臓病	7.6	(5.7　)
痴呆	5.7	(4.9　)
腎臓病	2.8	(0.8　)
呼吸器疾患	2.2	(2.2　)
神経痛	0.9	(0.8　)
その他	18.7	(18.7　)

・カッコ内は寝たきりになった数の割合
・数字は平成２年度東京都社会福祉基礎調査

おじいちゃんおばあちゃん

転ばないでね

転ばぬ先は、健康への警告用語

「転ばぬ先とは」昔からの諺ですが、健康への一種の警告用語です。人間、誰しも年寄りになると、足腰が弱り足元がおぼつかなくなります。「老化は足から」という世の慣いです。

しかも、お年寄りになると骨がもろくなり、ちょっとしたことで骨にひびが入ったり、ねんざもおこし勝ちになります。

お医者さんにレントゲンをとって貰うと「あなたの骨はボロボロで消しズミみたい」ともいわれます。

近世風俗見聞集の一節にも、「手はふるえ、足はよろめき歯は抜ける。耳は聞こえず目はうとくなる」とありますが、残念ながら人間の宿命は、遅かれ早かれ順番にこのように老化してくるのです。

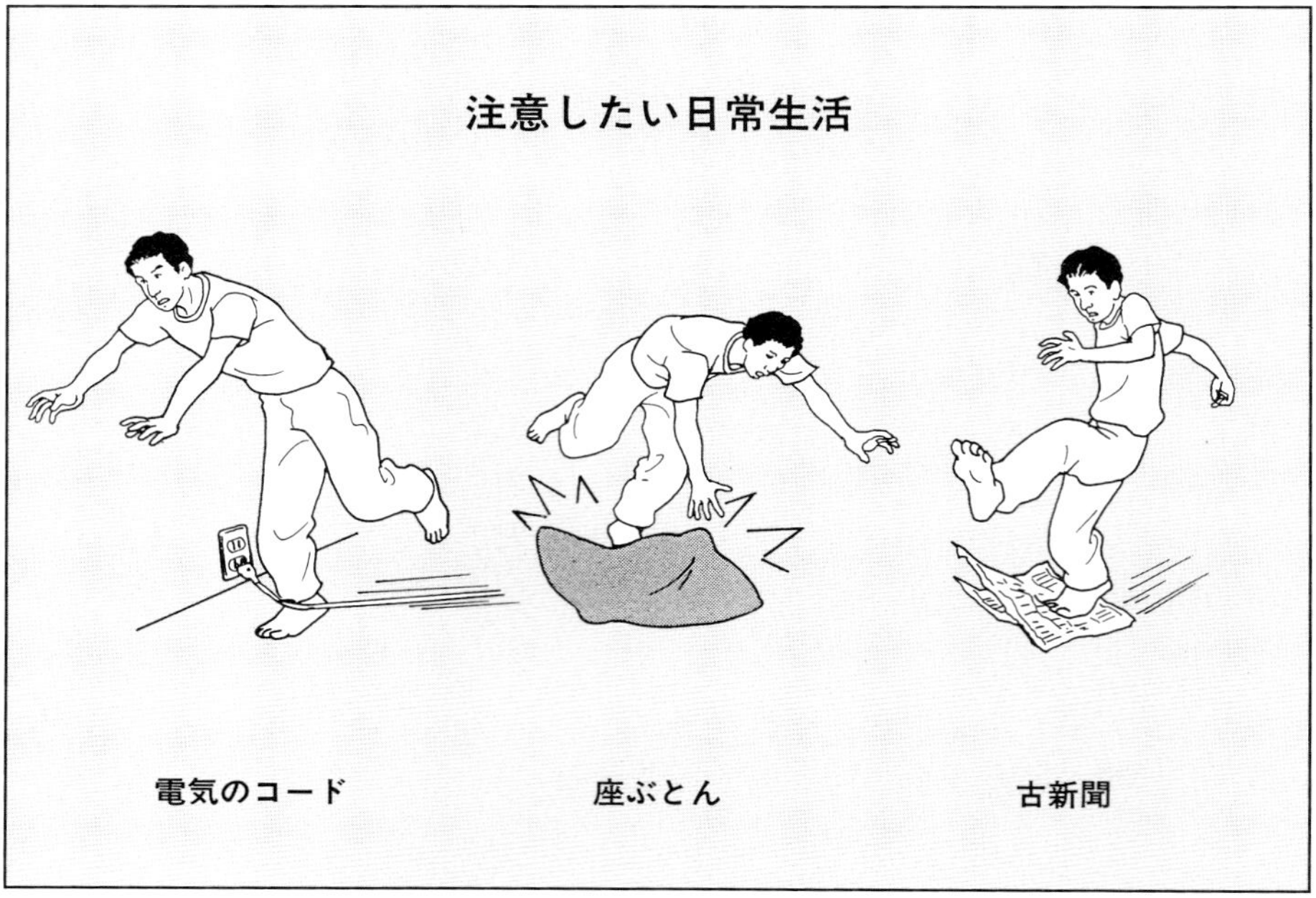

お年寄りのケガはちょっとしたところ

最近私の発刊した健康図書「股関節」赤松功也著によると、お年寄りのケガは、普段考えられない些細なところで多く発生するといわれます。著者の赤松功也先生は山梨医科大学名誉教授で、股関節の専門医ですが、股関節のケガは同じ大腿骨頚部骨折でも外側と内側では大きく違い、内側の場合は血流が弱く難治性となり、寝た切りになる可能性が高いということです。

そして、ケガをする要因のワーストテンは、何と家庭内にあり、階段、玄関口、ふとん、段差のつまずき、衣類の着替え、電気のコードなどだそうです。

私も過日、ズボンの履き替えで、ヒザ裏に足を突っ込んで転倒、股関節を痛めて回復まで2カ月も要しました。

また私は、「せぼね」の健康図書も発刊しましたが、著者の平林　洌先生（慶應義塾看護短期大学前学長）によれば、骨がもろいお年寄りの場合は、とくにご婦人の場合は、ふとんの上で尻もちをついただけでも「せ

注意したい日常生活(2)

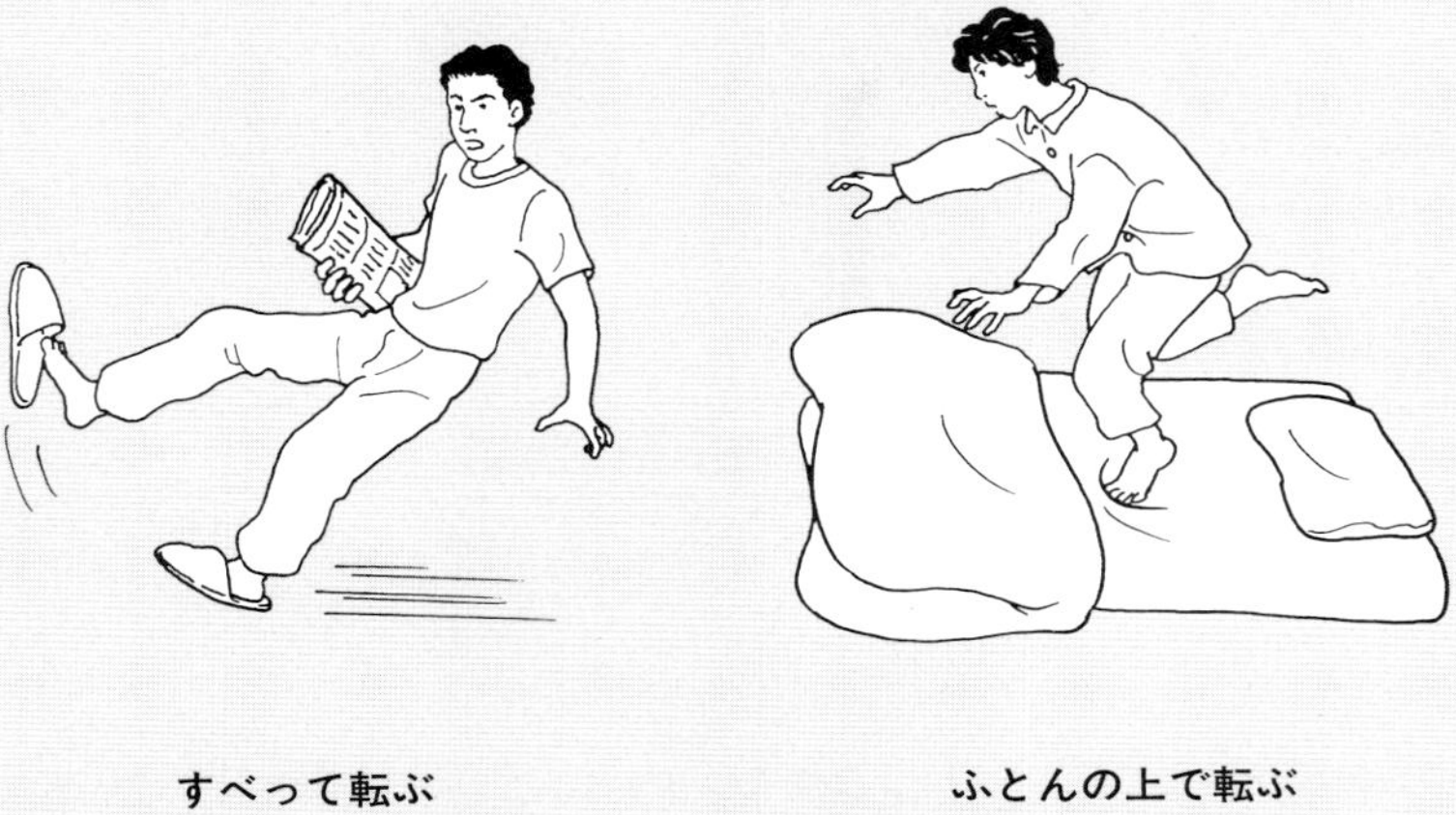

きつい」の圧迫骨折を起こすことがあるということです。

また、せぼねが弱くて、腰痛や坐骨神経痛の持病者では、ちょっと腰をねじったり、前こごみになっただけでもギックリ腰を併発させることがあるとのことです。

ですから、お年寄りは、「階段を昇降するときは必ず手スリ寄りを歩き、深酒を慎しみ、雪道の外出はなるたけ控えなさい」、とケガに対する警告を発しています。

平成6年度に、東京消防庁で扱った65歳以上の高齢者の転倒事故は七、三〇〇人で、交通事故の四、六〇〇人をはるかにしのいでいたそうです。

そのようなわけで、お年寄りは、ケガをしないことに細心の注意を払うべきです。

表1を見ていただきましょう。

お年寄りが寝た切りになった原因ですが、1位は脳卒中ですね。脳卒中とは、脳梗塞などの脳血管が障害を起こす病気で、この病気で亡くなるお年寄りは「がん」に次いで多く、死亡原因でも第2位となっています。

寝た切りになる原因の第2位は自然の老衰で、外傷（ケガ）・骨折は第3位です。リウマチや関節炎が進展

注意したい日常生活(3)

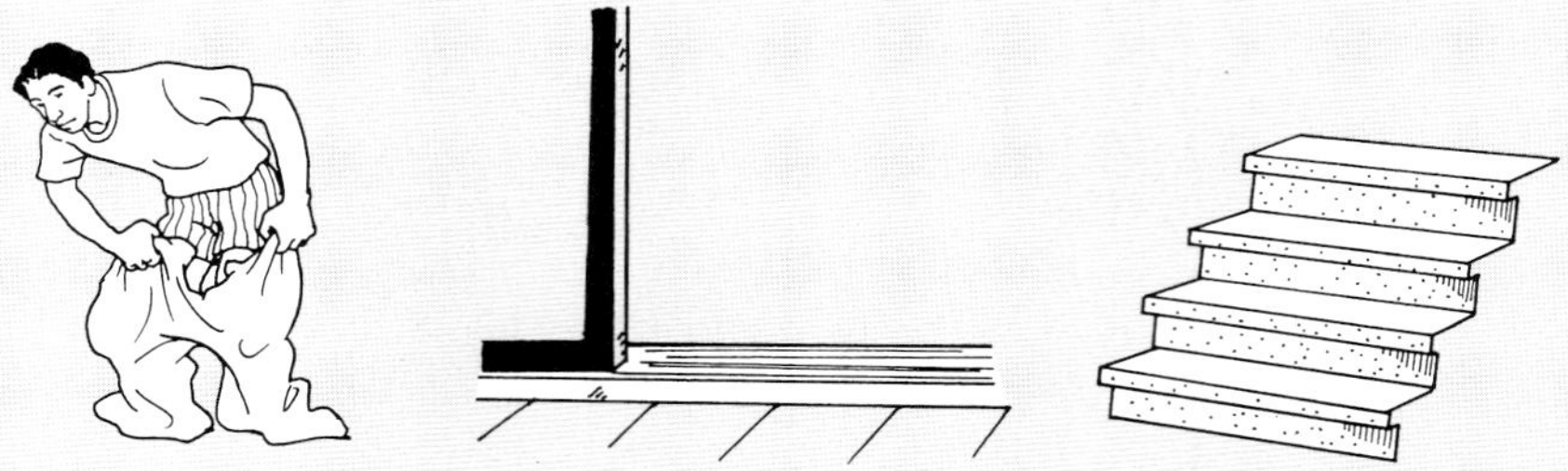

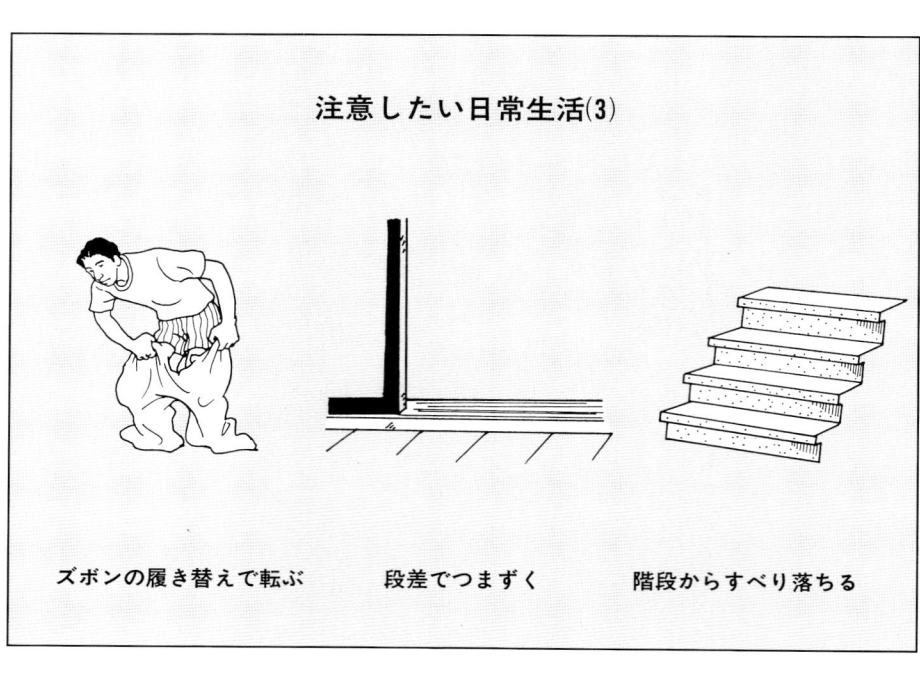

ズボンの履き替えで転ぶ　段差でつまずく　階段からすべり落ちる

したり、神経痛になっても寝た切りはおこります。

寝た切りにならないこと

「寝た切りにならないためのリハビリ」は、日本のリハビリテーション界の目標の一つですが、寝た切りになるということは、人間本来の運動能力を失うほか、廃用症候群をつくり、他人との接触も低下してボケの要因にもなるそうです。

ですから、お年寄りは、「転んではならない」ので、「転ばぬ先の杖が必要」になることはいうまでもありません。

そのためには格好が悪いの、恥しいなどといわず、早目に杖かステッキを持ちましょう。日本人は、よく杖やステッキを持つことを恥としていますが、先進国の外国のお年寄りはどうでしょう?

足腰が弱くならないうちから、ファッションとして粋に持ち、街を闊歩している姿をよく見かけます。日頃から楽しい気分で使い親しむことが、いざという時に非常に役に立ちます。

杖の名称・グリップ・付属品

杖の名称なんて、必要ないと思われる方が大部分だと思います。しかし、杖といえどもときには故障します。とくに杖先きゴム（石突き）などは消耗品で取替えも必要です。

そんなとき、いちいち杖屋さんに足を運べばいいのですが、杖を突いているとそれも大変です。

現代では、電話かFAXが用件を満たす主流で、名称がわかれば、○○○を取替えたいのですが、△△△がゆるんで具合が悪いのですが…と思ったところを杖屋さんに電話すればすべて解決です。

・杖全体を「支柱」
・握りの部分は「柄」、または「グリップ」
・杖の先につけるゴムは「石突き」ともいいます。このゴムは消耗品で2～3カ月ぐらいですり切れて、すべりやすくなることがあります。点検して取替えるようにしましょう。

オプションのストラップ装着例

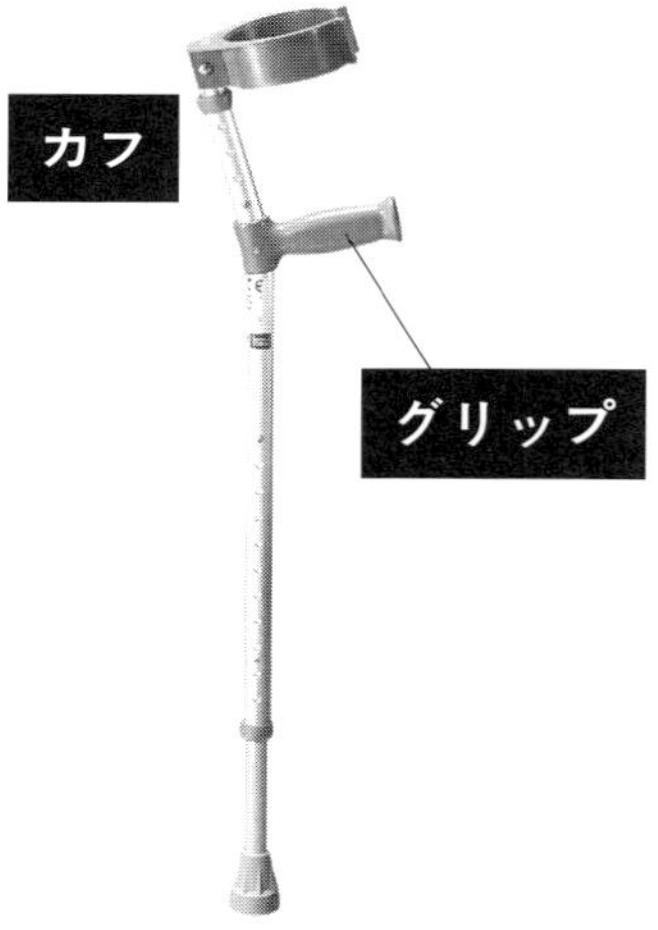

クラッチ
（ロフストランド型）

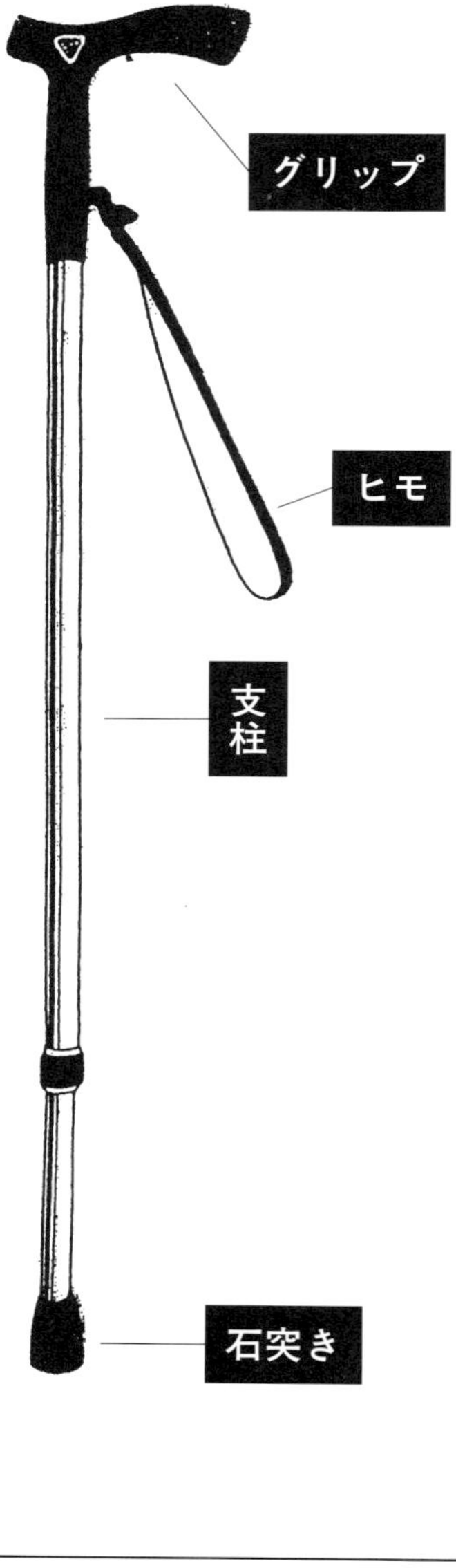

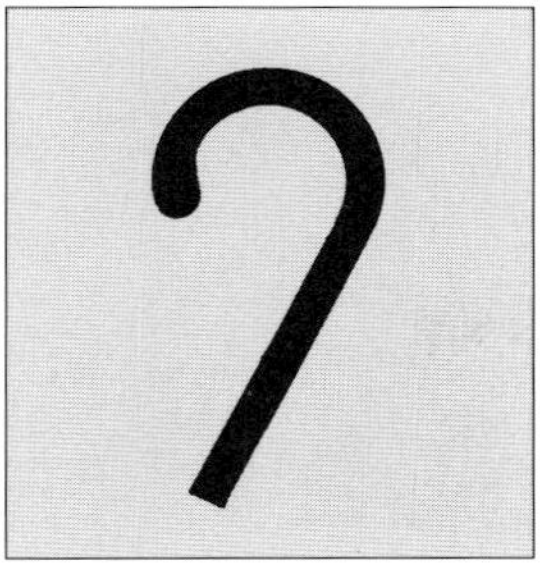

丸型

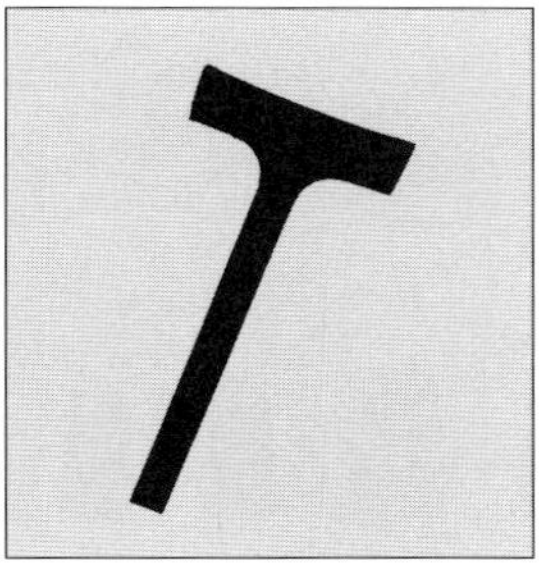

T字型

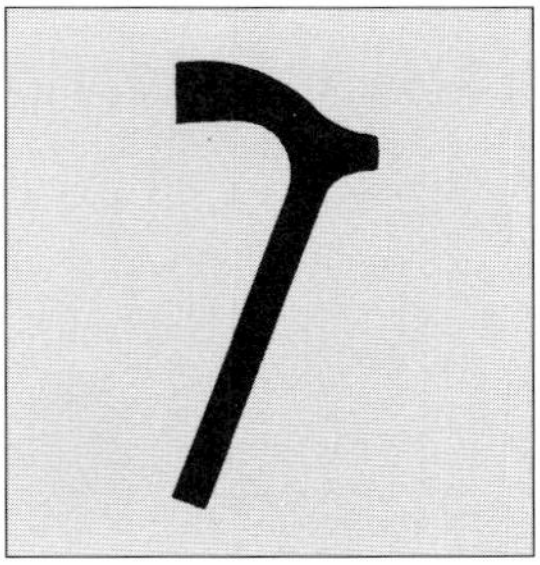

L字型

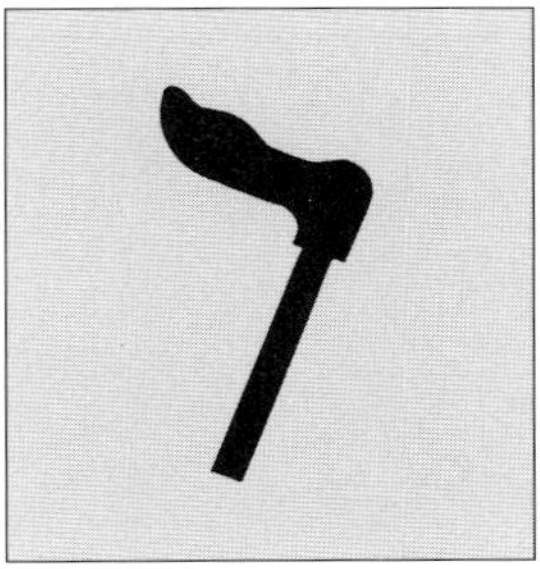

フィット型

動物・鳥

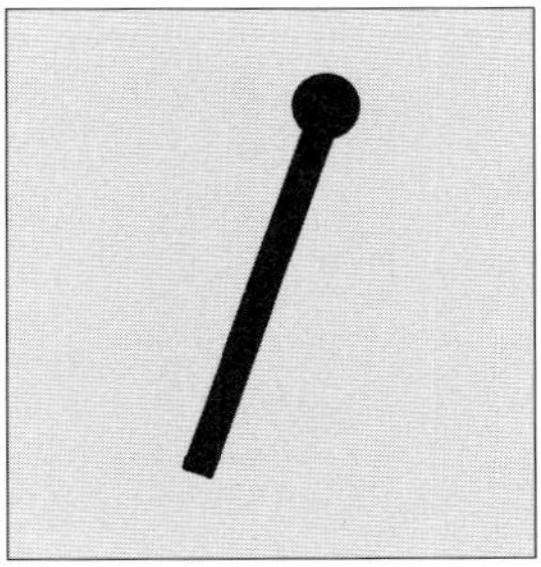

ラッキョウ

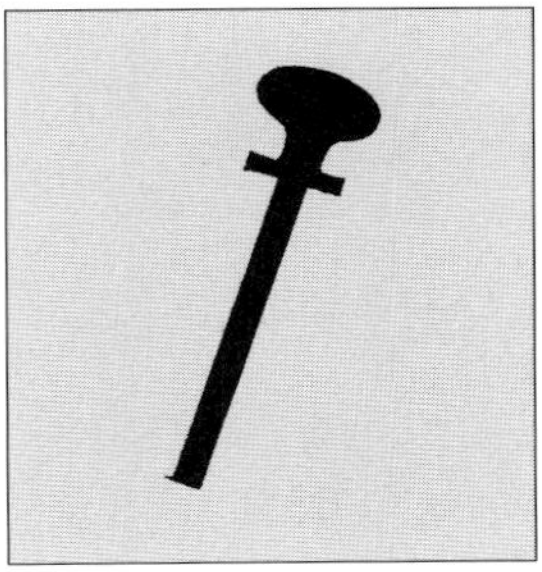

大黒

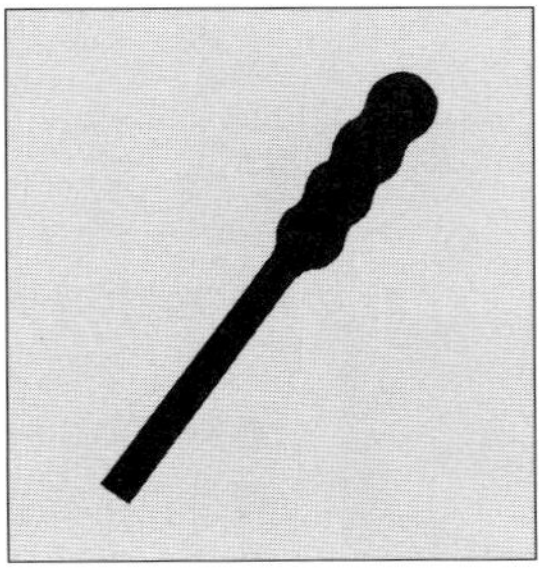

棒

バランス型

グリップの形のいろいろ

杖先きゴムの口径

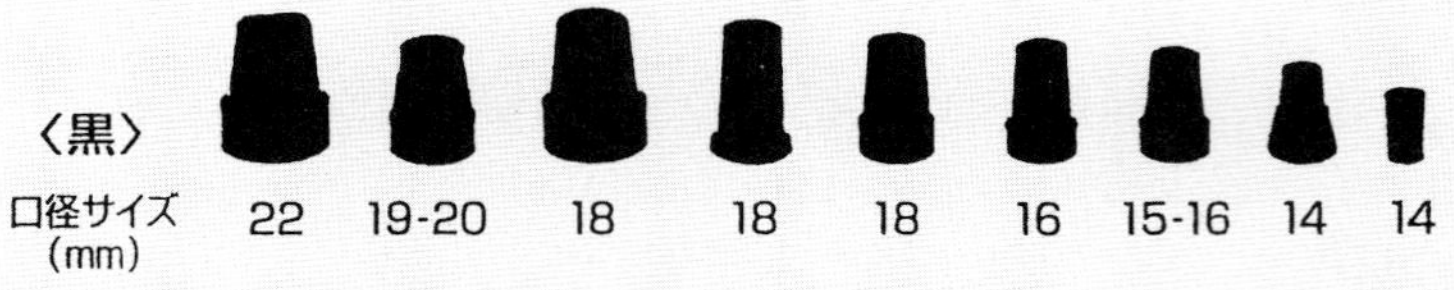

溝がなくなる前に早めに杖のタイプに合った適合品と取替えましょう。

杖バンド（名札付）

●標準価格：￥500（税別）

●標準価格：￥700（税別）

反射テープ

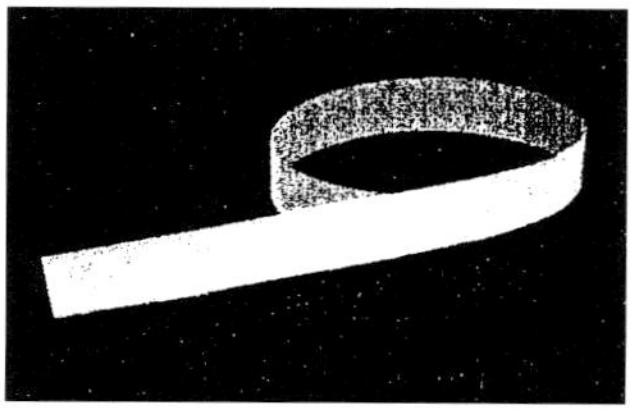

●支柱に巻いておくと、夜間など、ライトを反射します。
●貼付けシールになっています。
●必要に応じてカットしてご使用ください。
●2cm（幅）×50cm（長）／1本

●標準価格：￥300（税別）

平地歩行

杖の持ち方・歩き方（基本編）

杖の持ち方ですが、歩行の助けとなる医療用・介護用の場合は、まず、健側の手でぴったり握ります❶。手に力の入らない人や、慢性関節リウマチのように、掌や指に変形があって握れない人は、主治医に申し出て、「関節炎クラッチ」など、あなたに合った杖を選びます。そして歩き方ですが、歩くときは、健側、痛まない方の足や手に、体重を預けてしまうのです。つまり、痛い方の足の負担を、痛まない方に移して歩くようにするのです。

馴れないうちはぎこちない歩き方になりますが、馴れてくると、「杖を突くとこんなにも痛みが楽になるのか」とか、「もっと早く杖をつくんだった」と杖の効用に感嘆する人さえあります。

症状が回復し、患肢への荷重がさらに可能になった

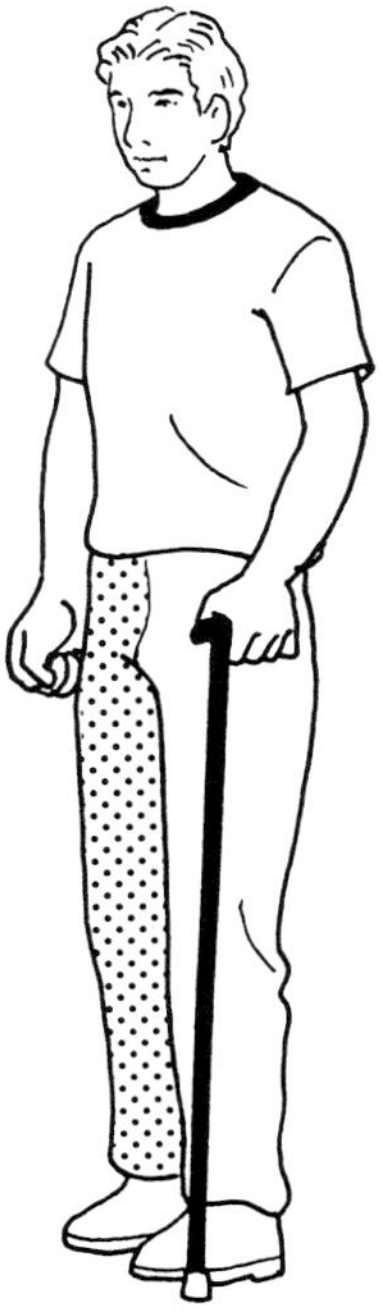

❶健側に杖を持って立つ。
（このとき体重は健側に預ける）

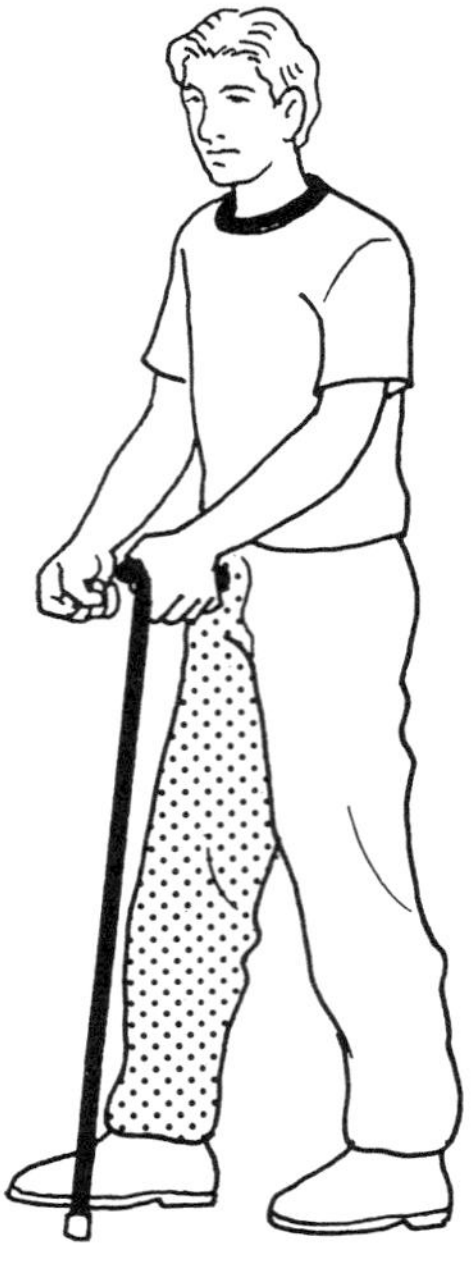

❷患側の足と杖を出し…。

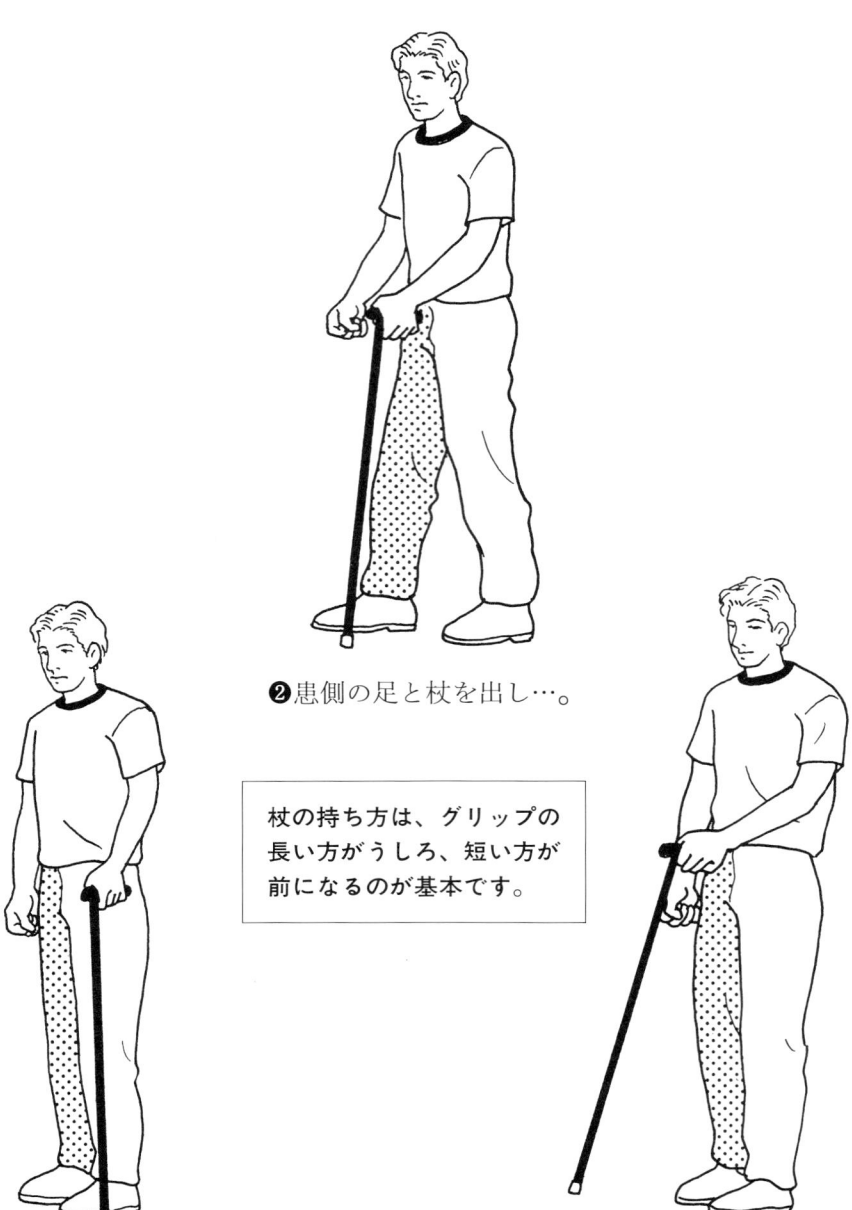

杖の持ち方は、グリップの長い方がうしろ、短い方が前になるのが基本です。

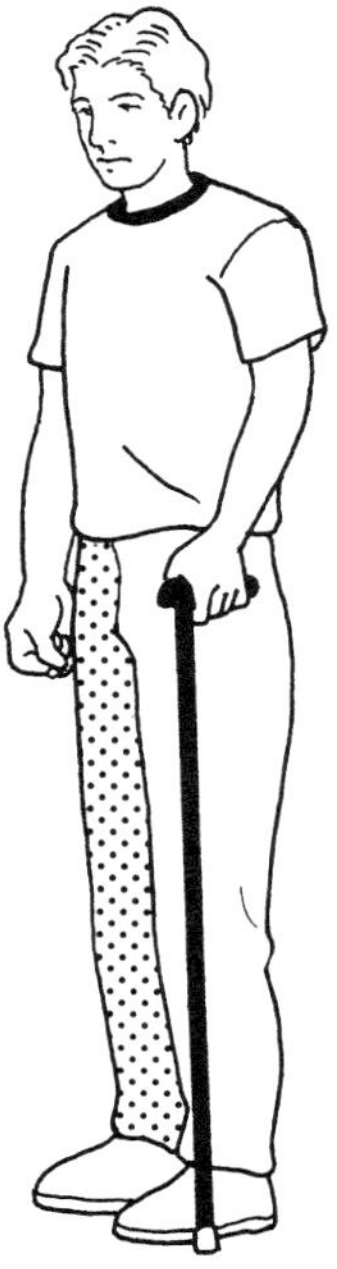

❹このように両足を揃えずに、
杖と足を交互にだして前進する。

❸足を揃えてから…。杖をだし健側の足をだす。

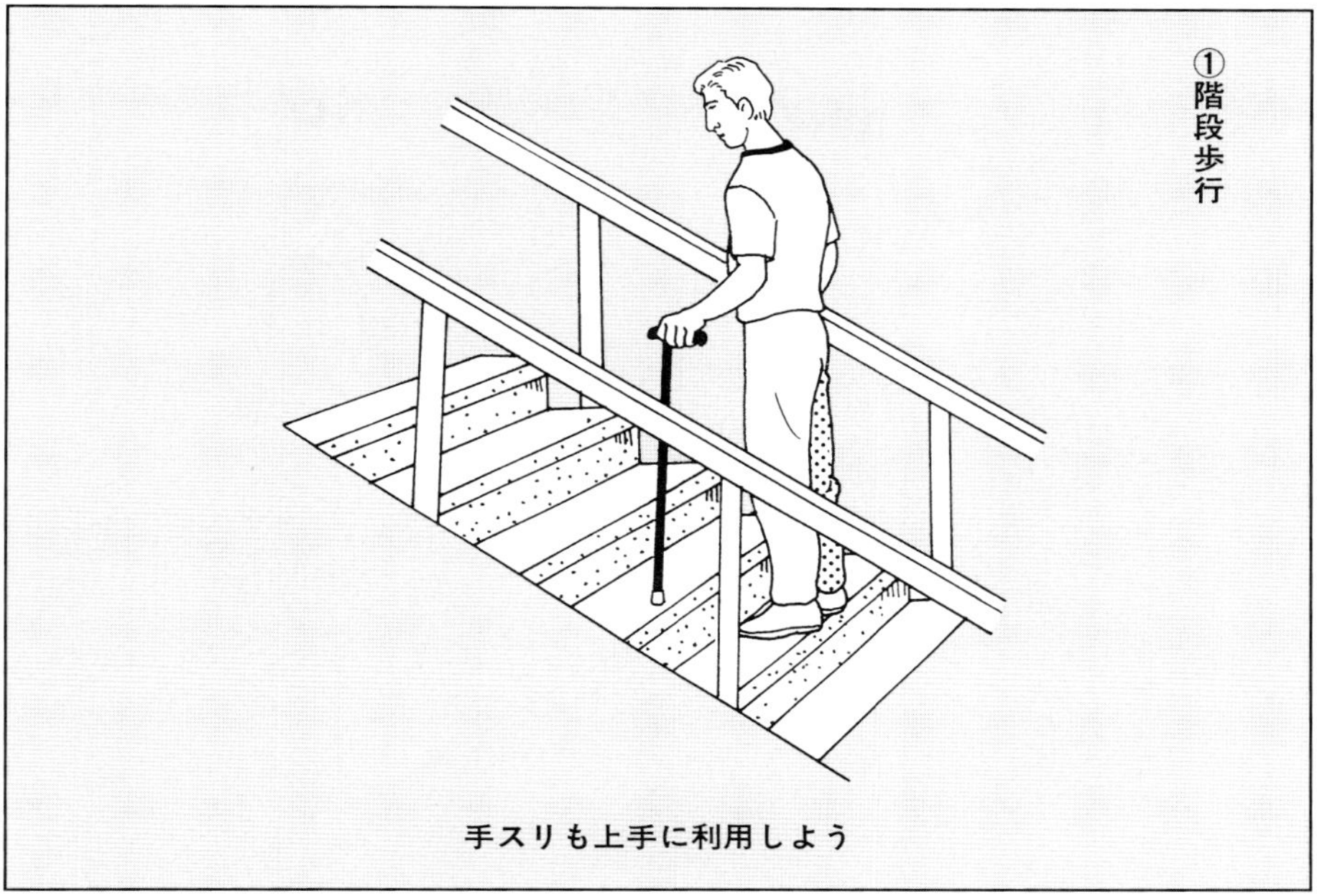

①階段歩行
手スリも上手に利用しよう

ら、❹で健足を揃えず、もっと前に出すようにします。すると交互に踏みだして歩く正常の歩き方に近づきます。

ですから、「恰好が悪いから」などとためらわず、早目に杖をついた生活に馴れることをおすすめします。杖は馴れさえすれば、人目は気にならなくなります。恰好がどうの、体裁がどうの、恥しいなどと思うのははじめのうちだけです。遠慮しないで馴れることに専心してください。

杖の効用は、41頁に記述してありますが、足の痛みは病気次第ですが、確実に楽になり、歩きやすくなるばかりか、転倒防止に役立ちます。

介護保険制度が発足したとはいえ、家の中にばかり閉じこもっていては何の意味もありません。

杖をついて屋外にでましょう。外気を一杯に吸って健康感を取戻し、生活の場をグーンと広げましょう。心身のリフレッシュと適度の運動のためにも、杖の効用が大きいことを知りましょう。

在宅では、2階の生活を1階の生活に切り替える方

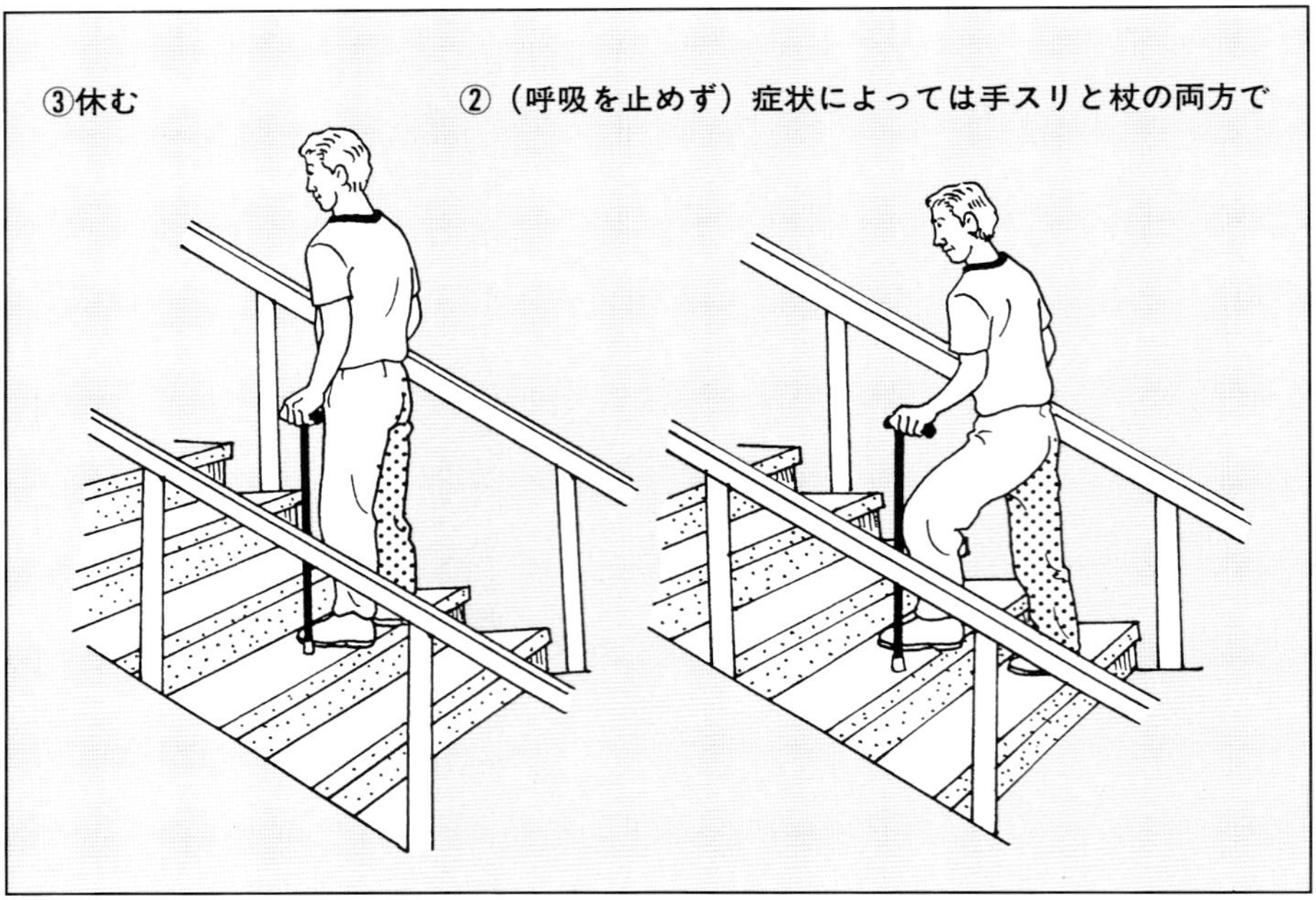
③休む
②（呼吸を止めず）症状によっては手スリと杖の両方で

法もありましょう。地下鉄では、エスカレーターやエレベーターの位置を駅員に聞いてそうした文明の利器を活用するようにしましょう。

しかし、世の中には、どうしても避けきれない階段が山ほどあります。地下鉄で、エスカレーターが至るところに動いているとは限りません。また、交通重要な交差点には、バブル時代に設置した横断歩道橋があります。平地で迂回の方法もない歩道橋では避けるに避けられません。そんな時のために記したのが、上図の階段の昇降方法です。

階段の杖歩行

いうまでもありませんが、階段は安全に昇降しなければなりません。杖だけに頼らず、万一の場合も考え、手スリ寄りを昇降するのが基本です。急いではいけません。呼吸をとめずに一歩一歩、休みながら昇りましょう。

馴れてくると、杖をガチッ、ガチッとしっかりついて、リズミカルに昇降できるようになりますが、馴れ

②階段下り歩行

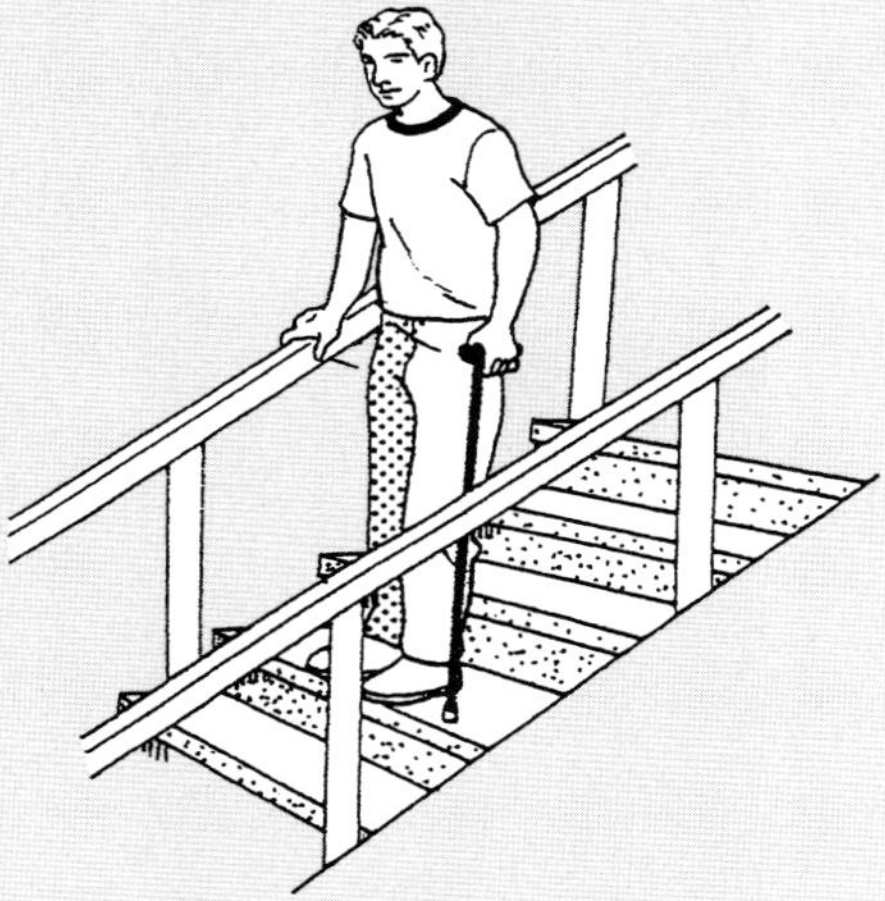

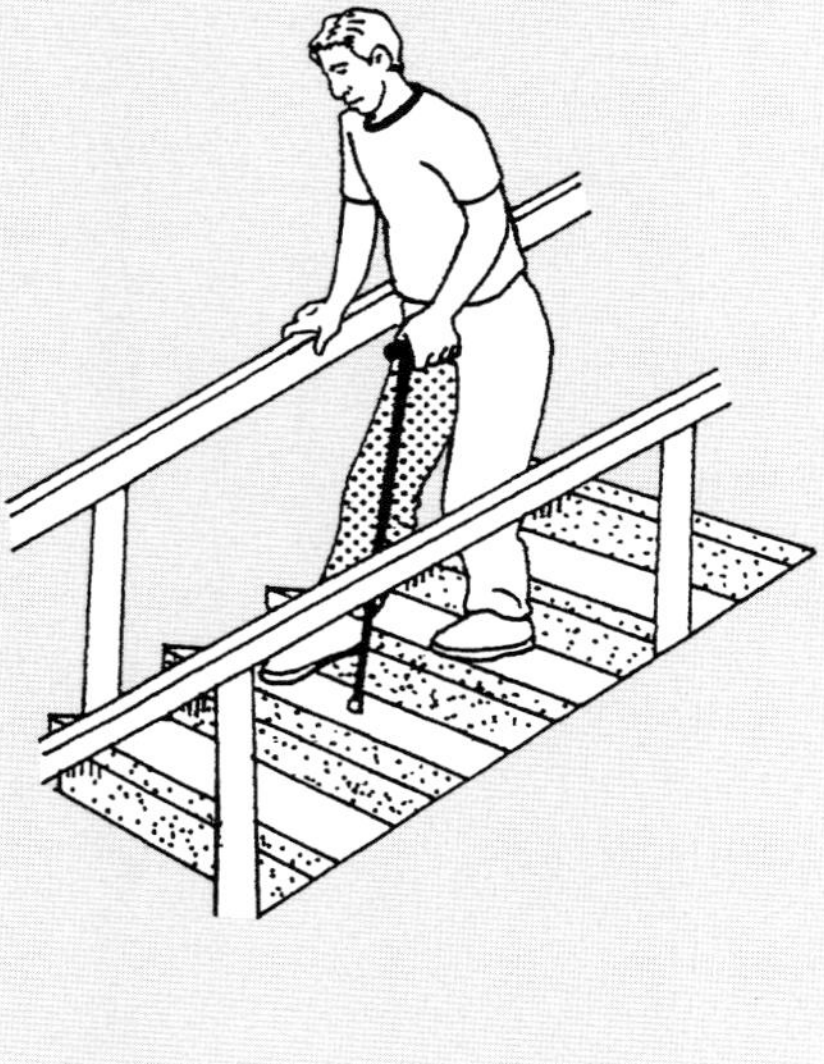

るまでは用心が肝要です。手スリ寄りをゆっくり昇降するようにしましょう。

階段には、長い階段と短い階段があります。数段の短い階段と、見上げるような長い階段では当然歩き方に差が生じ、現在のリハビリテーションではそれぞれ分けた昇降方法を指導しています。

しかし、実際に地下鉄などの階段を見ると、短いのも、長いのも区分けはむずかしく、昇降方法に差をつけることは不可能でしょう。

階段歩行はまず安全性を

杖歩行者にとって、階段は長くても、短くても難所中の難所です。とくに高齢者や歩行困難者では転倒しやすい場所の一つです。

通産省では、「バリアフリー」などと称してバスの階段の低床化、各駅の階段は、すべてエレベーターやエスカレーターを併設する計画も発表していますが、机上の空論ではなく、(実際上に)実のある老人福祉策を早く実現して欲しいと思います。

さて、階段の安全対策について体験的にまとめてみると、①在宅療養では、2階で生活をしている人は1階に切替える。②駅の階段では、隣接するビルを利用してでもできるだけエスカレーターやエレベーターを使う。などとなりますが、どうしても不可能なものに横断歩道橋の階段や、郊外の駅の階段があります。

こういうところは遠慮しないで、駅員や隣人の援助を依頼するとしても、「無理」と思われる階段は避けて歩行するのが、一番の方策と感じています。

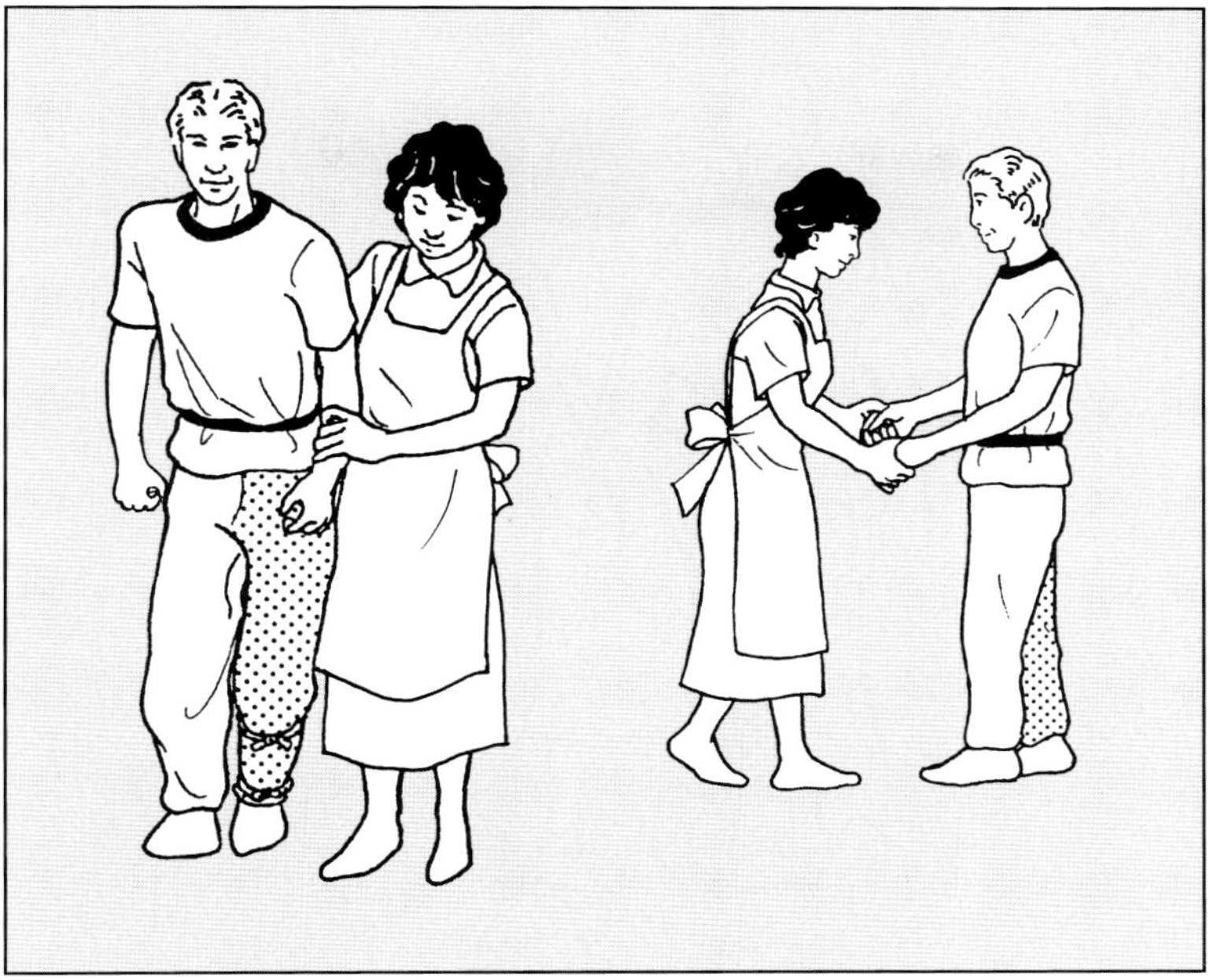

杖をつく人の介助法

平地歩行

●短い距離と長い距離に分けて説明します。まず、短い距離ですが、この場合は、患者と介助者は向かい合い、両手を握り合って歩かせるのが基本です。患者と介助者の間隔は、介助者がすぐに力を入れて支えられるように肘を軽く曲げて握り合えるくらいの近さが望ましいと言えます。

●長い距離と言っても、介助歩行の訓練ですから、せいぜい病室を一周するぐらいの距離から始めます。この場合は、痛む方の足、またはマヒしている方の患側に立って介助します。患者の腰のベルトは、介助のために重要ですので、しっかりしめるようにします。そして、そのベルトを持って、介助するのが基本になります。おすもうの力士が相手のまわしを摑むと力を入れ易くなるのと同じです。

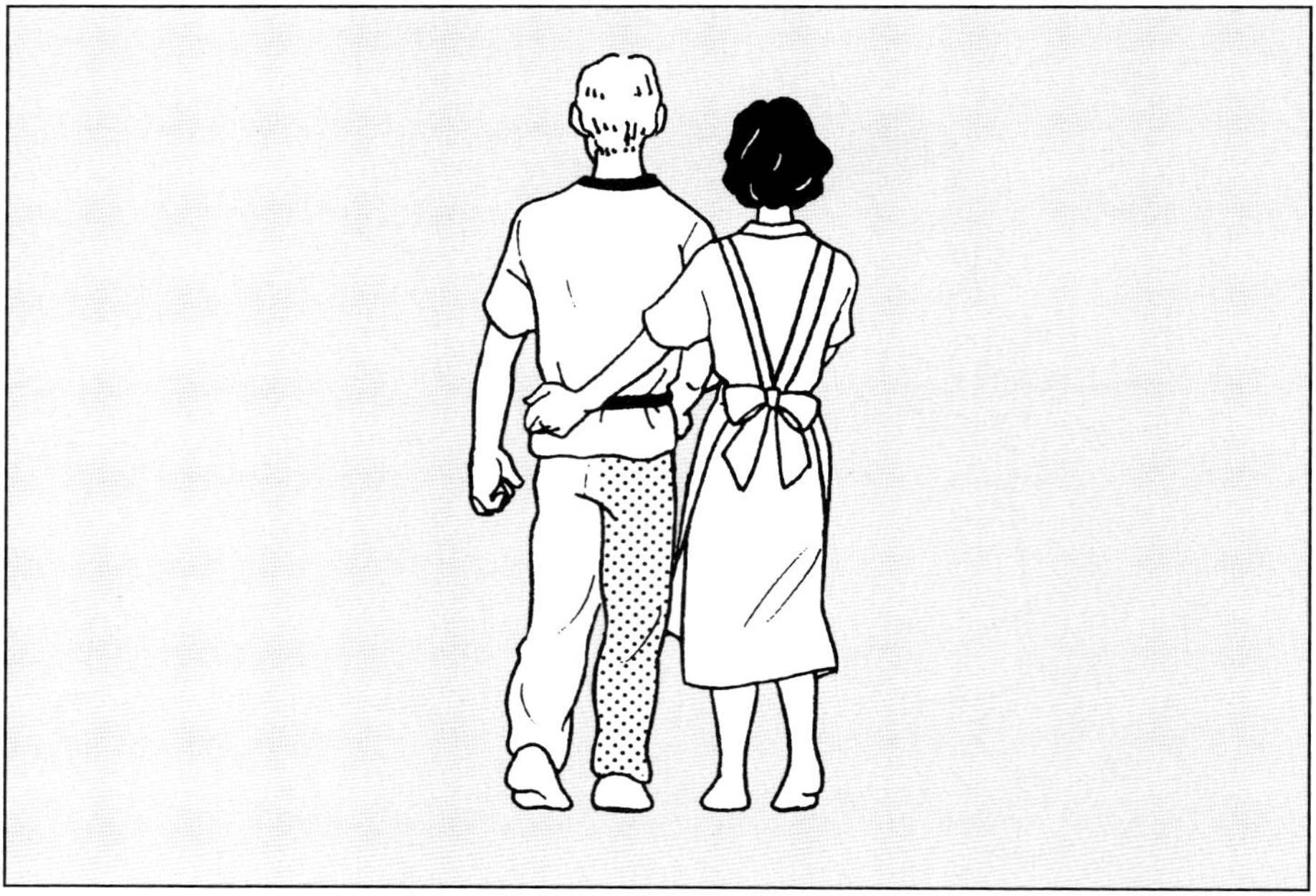

段差の越え方

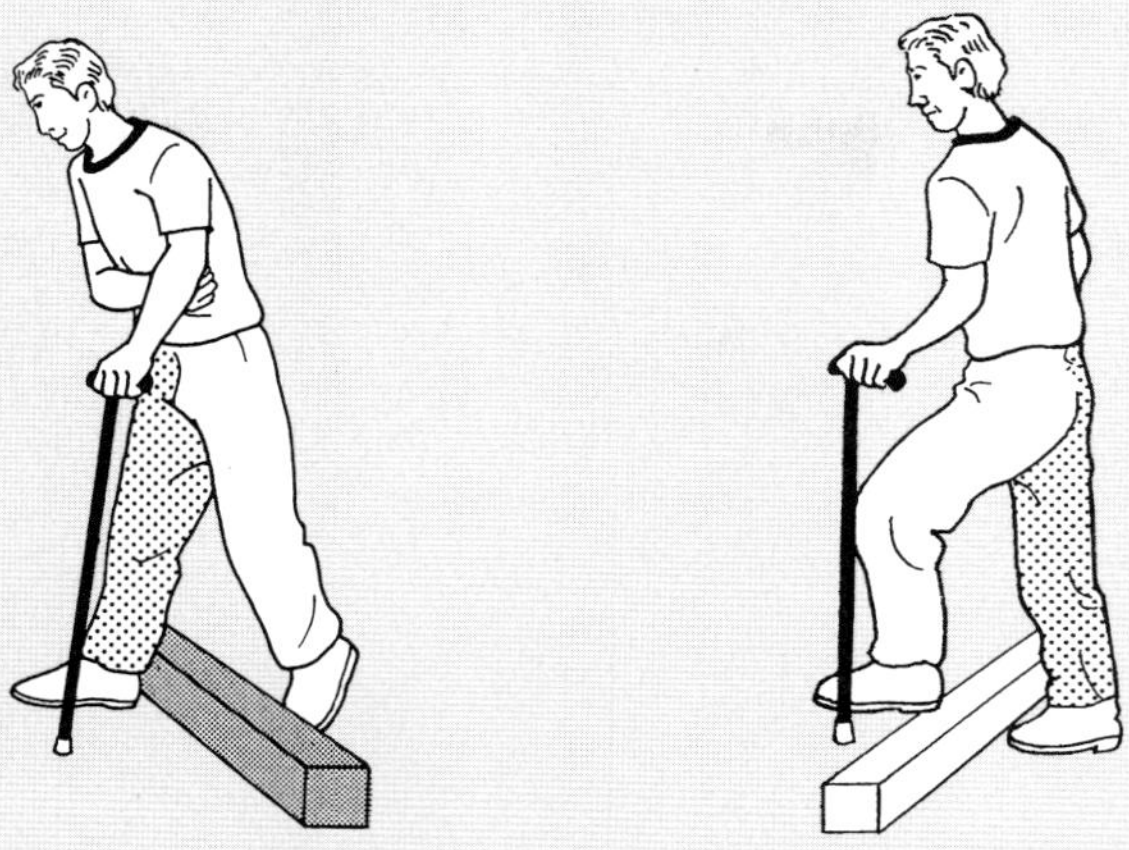

①段差や障害物の直前まで進んだあと、最初に杖を越え、続いて患側を越えます。

②続いて健側を越えますが、できるだけ直前まで進み両側を揃えます。そして杖を利用して一気に越えるのがコツです。

●疲れたら、無理をしないで休むようにします。もう一人の介助者が車椅子をもってついてきてくれる場合には、休みたい時だけは、車椅子に頼ってでも行動範囲をできるだけ広げた方がいいと思います。

急がず焦らず、疲れない程度に介助歩行を練習するのがコツです。

段差などの越えかた

●介助者は、患者の患側に立って、マヒや痛みのする方の手を握り、腰を支えて患側の足から踏みだします。杖を使うときは、段差の直前まで進み、杖は段差を

段差の越え方の介助

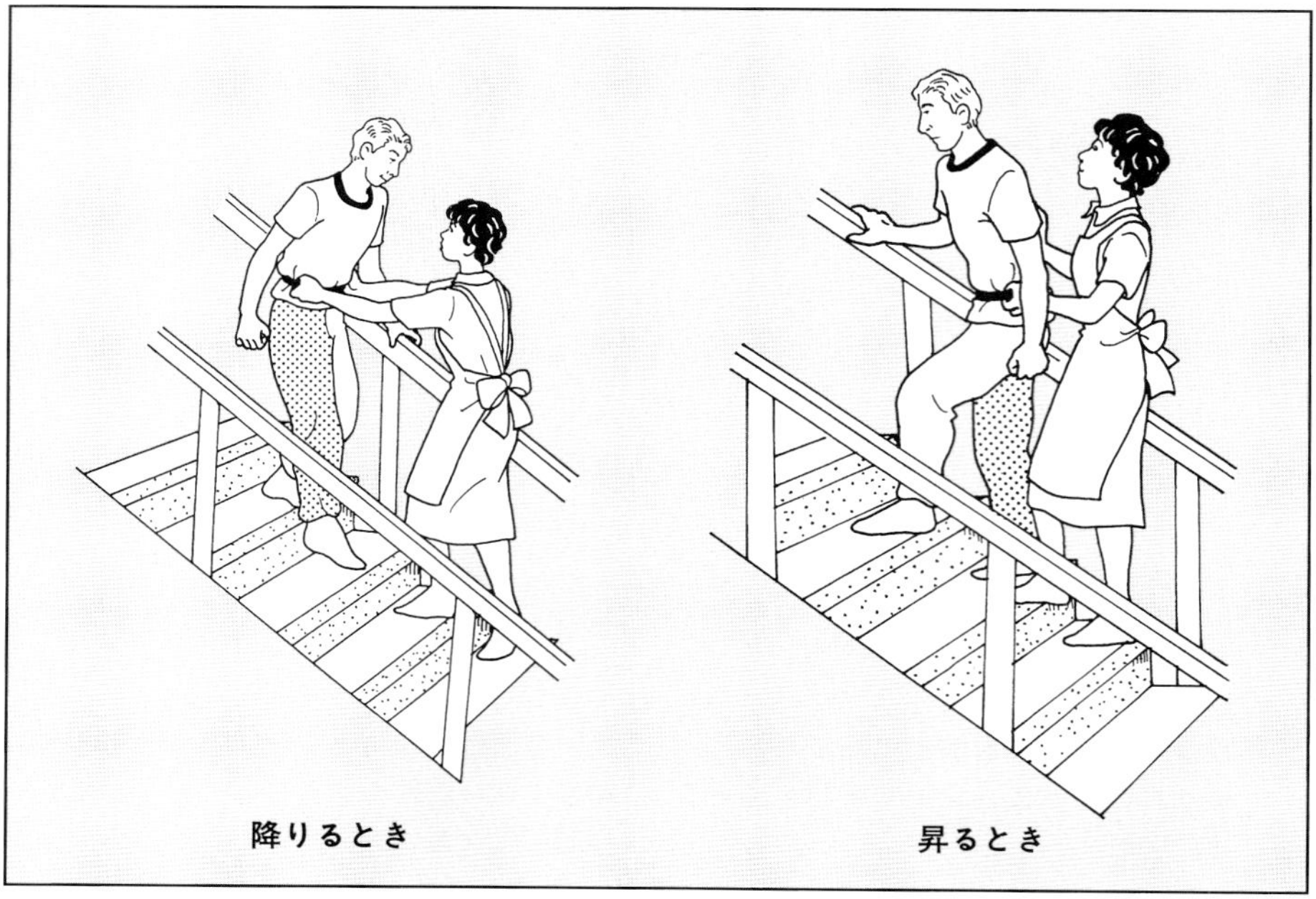

越えたところにつきます。そして、最初に患側の足を越えてから、次に健側の足を越えるようにします。できるだけつぎの段差の直前にまで進み、両足を揃えて立ちます。

階段の介助法

●まず昇るときですが、介助者は患者のうしろ（階段下）について、患者のベルトを持って支えるようにします。マヒや痛みが伴うときは、患側をしっかり支えて、健側で杖に代えて手スリを持たせて、一歩一歩ゆっくり昇るようにします。

●降りるときは、患側の足から出して、次に健側を出して、一段ずつ足をそろえるようにします。もちろん、手スリ側は健側で、健康の方の手で手スリを摑み、杖に代えて歩きます。

●介助する人は、患者が動くときはじっとしていることが大切です。何か緊急の事態が生じたときは、しっかり支えてあげられるよう、常に患者の下にいることが重要です。介助者の肘が伸びきらないように患者との距離に余裕を保つようにします。

杖の寸法合わせ

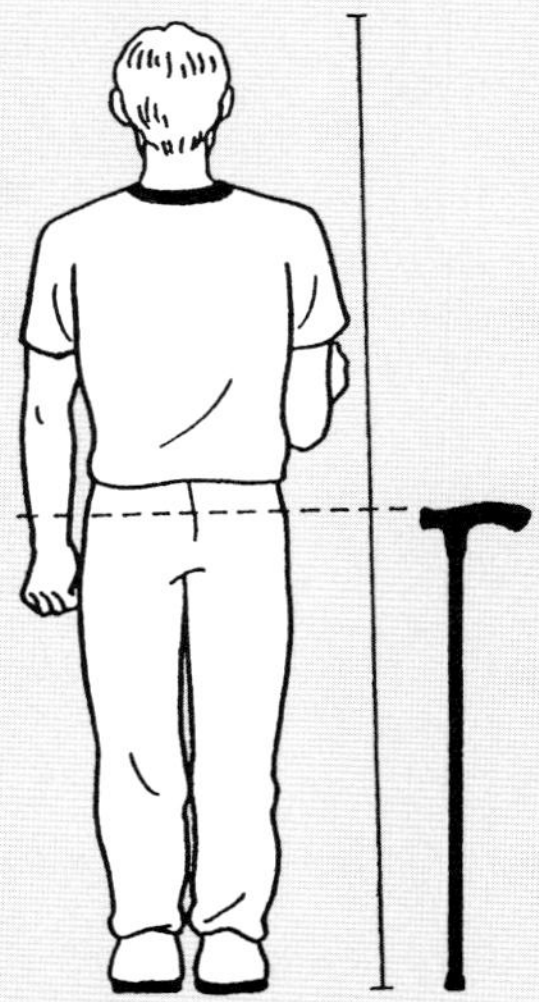

●一本杖
杖の長さは厳密には身長の1／2プラス2～3センチです。

●杖の既製品の標準寸法は、88㎝（2尺8寸5分）にできています。これを使う人の背丈に合わせて調節し、体に合った寸法にするのです。

●体に合った寸法を概数で覚えるには、身長の1／2と知っておくと便利です。例えば、身長170㎝の人では1／2の85㎝が概数です。

●しかし、杖の寸法の調節については、握ったときの手首の高さが腰骨の高さに調節する方法が最も合理的といえます。その高さでの肘の曲がり具合いが、上半身を支えるのに最も力が入りやすい角度となるからです。

●ですから、杖の長さの調節は自分でするのではなく、専門家に頼むのが普通です。

かかり付けの病院のリハビリの先生に「杖を合わせて…」と頼めば、他で買ったものでも快よく合わせて貰えます。デパートなどで買ったり、母の日、父の日

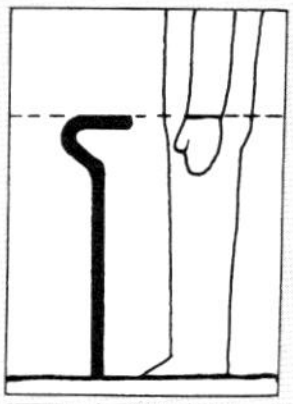

●腕を垂直に下ろしたときの手首の位置にグリップがくるように。
●腰の曲がった方は、曲がった状態であわせます。

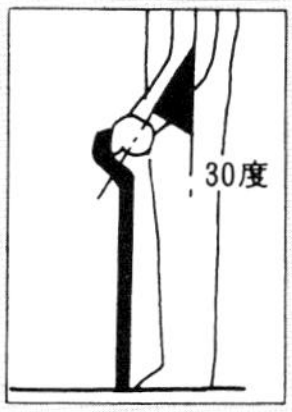

●体の縦の線と曲げた腕の角度が30度になるように。
●杖をつく先は、体の一歩手前に。

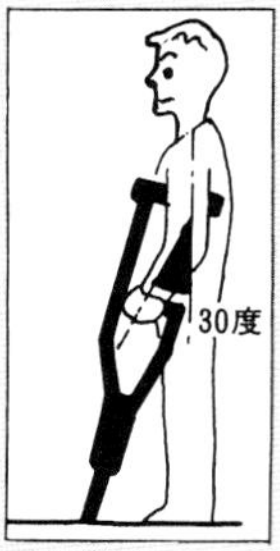

■松葉杖
杖の先端をつま先から横に30cm、そこから前に30cmとし、脇の下に握りこぶしひとつ分の隙間を開けます。
●グリップ
体の縦の線と曲げた腕の角度が30度になるようにします。

に娘さんや息子さんに贈られた杖でも一応は専門家に合わせてもらった方がよいでしょう。

杖の専門家は、リハビリ医か理学療法士ですので、そのような専門家に依頼しましょう。

●杖は短か過ぎても、長過ぎても、十分効果を発揮しません。テレビに写る水戸黄門の杖は身長よりも長さがありますが、あれは、医療用ではなく、格好をよくした役者の演技杖です。しかし体重を支え、転倒予防に役立っていることもたしかです。

また、富士登山の金剛杖や四国八十八箇所めぐりの遍路杖なども標準寸法より長くなっていますが、いずれも医療用ではなく、昔から伝統の信仰杖のため、あのような長い寸法になっているのだと思います。

参考文献　老人介護の安心百科、柴田　博監修　主婦と生活社、一九九四年。

こんなにもある杖の効用

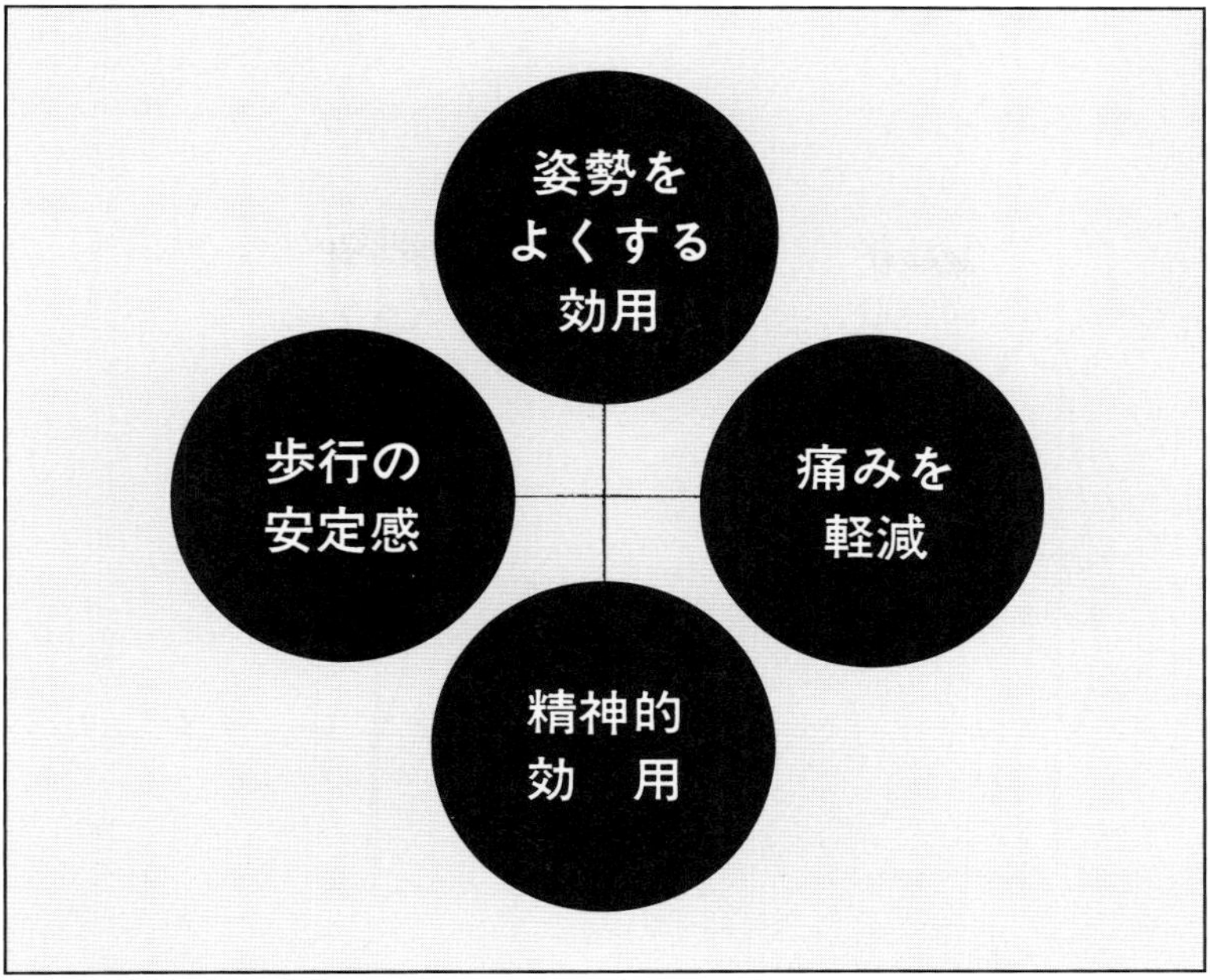

精神的効用

●杖は文字通り、転ばぬ先の杖ですが、まさか杖を持って、走る、駆ける、飛ぶなどの動作をする人はいないでしょう。さらに杖を使うと階段などは、一歩一歩を大切にするようになるので、駆け降りたり、飛び降り、電車の発車間際の飛び乗りなどは間違ってもしなくなります。

●杖は痛む下肢の関節の負担を軽減し、歩行を安定化し、姿勢もよくするという物理的効果をもちますが、それと並ぶ効果は、「俺は足が弱いんだ」という自覚を高める精神的効果です。

●歳をとった人で、最もいけないのは若い時からの頭の切り替えができないでいることです。

●私の先輩は、若い時にはスキーの選手で、誰にも負けない筋力を持っていました。しかし、69歳時にスキー

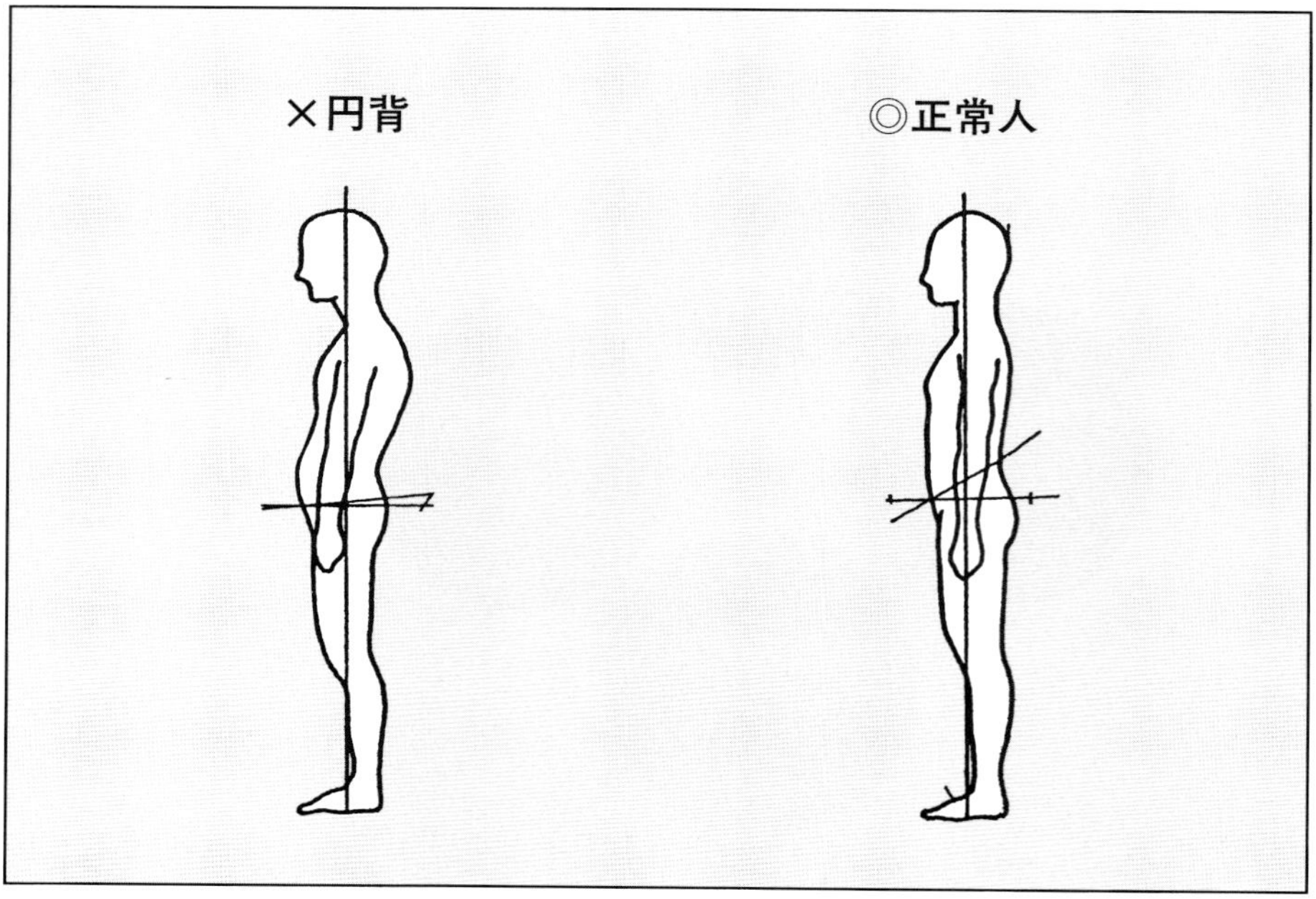

で転んで頭を打ち、不運にも内出血に気が付かず、6カ月後にトイレで倒れ還らぬ人になってしまいました。

●また私自身も、前述しましたが、つい最近、ズボンの履き替えで足をヒザ裏に突っ込んで転倒、危うく股関節をケガするところでした。股関節のケガは、内側を骨折すると寝た切りになるといわれ、ずいぶん心配しましたが、2カ月を要したものの痛みはすっかり消失しました。完治です。

●若い時の頭の切替えができず、「俺は歳をとったんだなあー、危ないからズボンは腰かけて履き替えよう」とする慎重さに欠けていたのです。

●以来、私はズボンの履き替え、くつ下の履き替えでも腰を下ろして慎重にしております。

●また、今年も秋の運動会を見学しましたが、PTAのリレーで、昔、速かったお父さんに限って足が伴わず、タッチ間際に次々と転んでいました。頭は20歳代、足は60歳代の切換えがしてない例です。

歩行姿勢をよくする効用

変形性股関節症などでは、痛みが消失してもステッキは生涯もちつづけなさいと主治医に忠言されます。ステッキをもつことによって「俺は足が悪いんだ」「関節を守らなくては…」という意識が働き、無茶をしなくなるということです。筆者の経験でもステッキを持つことによって、せこせこした歩きが矯正され、背すじを伸ばして一歩一歩の大切さを自覚するようになりました。恐らく、背中を丸めて、うつ向き加減に、せこせこ歩く同年代のおじいちゃんより「よい歩行姿勢」が保てていると自負しています。

物理的効用

①次に物理的効用ですが、杖（ステッキ）は痛む方の足にかかる負担を軽減し、痛みをやわらげる効果があります。

②杖（ステッキ）は痛みのために不均等な足の運びを正しくし、歩行姿勢を改善します。

③杖（ステッキ）をつくと、体重の負担がステッキにも分散され、その結果、患肢で体重を支えられる時間も長くなり、大股で悠然と歩けるようになります。

④杖（ステッキ）は、転ばぬ先の護身用になり、歩行に安心感を与え、明日への活力を倍加します。

⑤歩行補助具には、車椅子やシルバーカーも含まれますが、その中で、杖（ステッキ）は最も手軽で、どこでもつかえる利便性があります。

⑥杖（ステッキ）をつくと、階段の昇り降りが一歩一歩確実となり、平地歩行も確実となり、車の交通事故や自転車事故から身を守ります。

転倒防止の効果

いま、世界的には、「骨と関節10年」の運動行事が展開されています。お年寄りの転倒は寝た切りになる可能性を秘めていますが、①転倒を防止するための筋肉の強化、②歩行に不安を感じるようになったら、早目に杖やステッキをつき転倒しないように努める、などが一つのテーマになっています。階段は、駅や家庭でくれぐれも気を付けてください。

医療の杖とリハビリテーション

日本人の杖嫌い

筆者自身、杖嫌いの一人ですが、日本人は戦争以来「我慢強い」ことを美徳と考えている人が多いようです。しかし、それよりも多いのが「見栄っ張り」で、杖をつくと恰好が悪い、だから杖は嫌いという人が圧倒的に多いようです。

確かに杖をついてみると、「私は足が悪いんです」と広言しているようなもので、プライバシー的には、自分で自分のプライバシーを侵害しているようなもの。だから「杖なんか」という杖嫌いの言い分が多いのでしょう。

しかし、お医者さんに言わせるとちょっぴり意見が違います。

大体、股関節や膝の関節が痛むのは、自分の体重に関節が悲鳴をあげているからだ。時間をかけて、体重を調整したり、周囲の筋肉を強化したり、適切な理学療法を徹底すれば楽になるはずだが、それまでの間は、関節への負担を軽くしなければならない。その間の治療に、恰好が悪いなどと意地を張らずに、早めに杖の効用に従えば、膝や股関節への負担は減り、関節の痛みもぐーんと楽になるはず。

大体、神様がつくってくれた人間本来の寿命はおよそ百二十歳といわれている。それは到底無理としても、現代人のそれは男70余歳、女80余歳。還暦をすぎても、平均的には一昔以上も余生分は残っている。無理をしないで、転ばぬ先のステッキか、杖でもついて健康を維持すれば、テレビの金さん、銀さんぐらいは生きられるかもしれない。

要するに、日本人の我慢強いのは美徳ではなく悪徳。見栄っ張りも……というのがお医者さんの言い分です。

杖好きになれとはいわぬが、せっかくお医者さんから「あなたの病気には杖をついた方が」とアドバイスされるのに、それを無視する「杖嫌い」がいるのは納得しかねる。というわけですが、最近の病院では、杖をつく患者さんが急激に増えているように思えるのは筆者のみでしょうか。

思うに、杖をつかずに病気を長引かせたり、ケガをして寝た切りになるより、杖をついて安心して歩行した方が得策と考える理解者が増えてきたのだと思うのです。

いま、日本の介護老人は急増し、二〇〇〇年度は二八〇万人、二〇〇五年度には三四〇万人、二〇一〇年度には四〇〇万人と倍増が見込まれています。

こうした事実を考えてくると、日本でも杖をつく老人が倍増し、むしろ杖をつく老人が普通となり、つかない人が意地っぱりか、変わり者に見られる時代がくる、という評論家もおります。

なお、65歳以上の高齢者の医療の杖は、老人保健法が適用され自己負担は無料のはずです。

ですから杖は病院で造った方が負担がなく、しかも寸法合わせなども適確にできることを念のため申し添えます。

杖の主なる種類

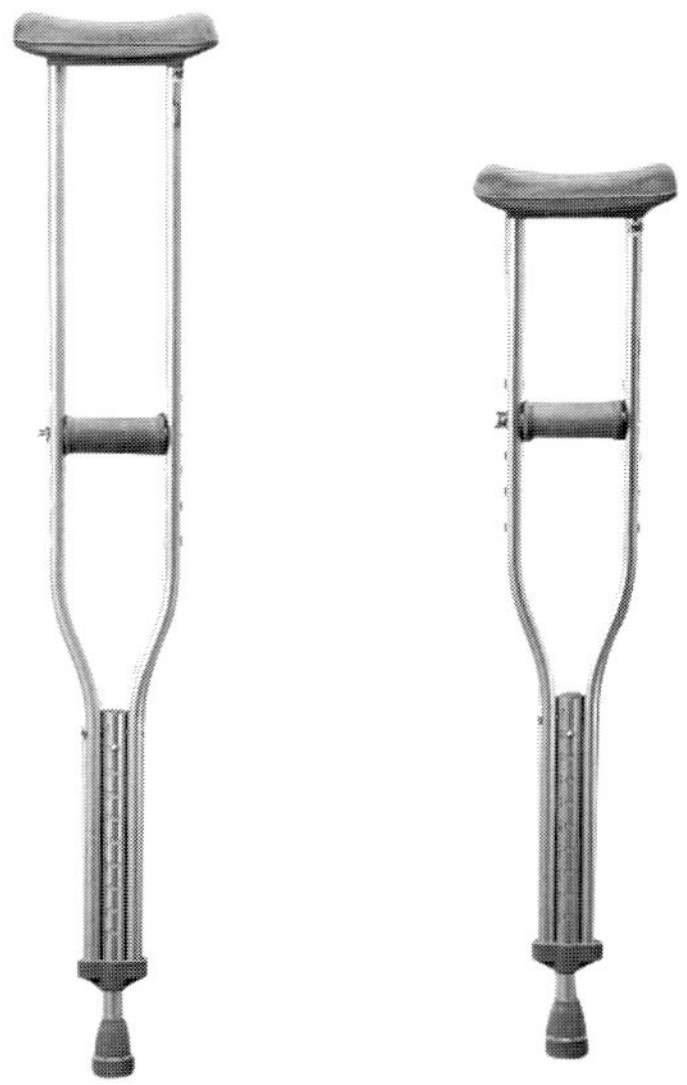

松葉杖

￥3,500〜9,000円

松葉杖

松葉杖は、呼んで字の如く、V字型で松葉に似ています。ドイツ語でKricke、英語でcrutchと書きます。松葉杖は、主に下肢の外傷や疾患のとき両側に用いられます。脚力の代わりに腕力で患者の体重を支え、患肢に直接体重をかけないためです。

リハビリで使われることが多いのですが、外傷などで救急用具としても用いられます。主に病院で貸出されますが、病院のものは古い型のものが多く、重量も重いものが多いようです。

一般の市販では、高さも角度もワンタッチで調整可能のものや軽くて丈夫なものが出回っています。つい最近も小児用のかわいいデザイン入りの松葉杖が開発されましたが(チャップリン店)、そこにはおしゃれ心も加わっています。

ロフストランド型クラッチ

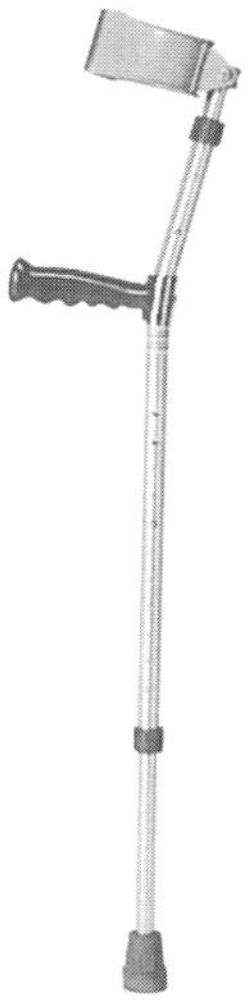

¥7,000〜9,000円

4点杖

¥14,000〜17,000

ロフストランド型クラッチ

この杖は、松葉杖に代わる性能を持ちますが、肘付きと腕輪を合成したもので、腕力が弱く、一本杖や松葉杖では体重を支えづらく、不安定になりやすい人のためにつくられたものです。

多点杖（3点杖・4点杖）

多点杖は、いわば1点式の一本杖では重心が定まらず、不安定な人のために造られた杖です。3点と4点のものがあります。多点支持杖は普通の一本杖より安定性の点では、とくに効果的です。主として、下肢の筋力低下や麻痺や失調のために立位バランスのとれにくい患者さんに使われます。

関節炎クラッチ

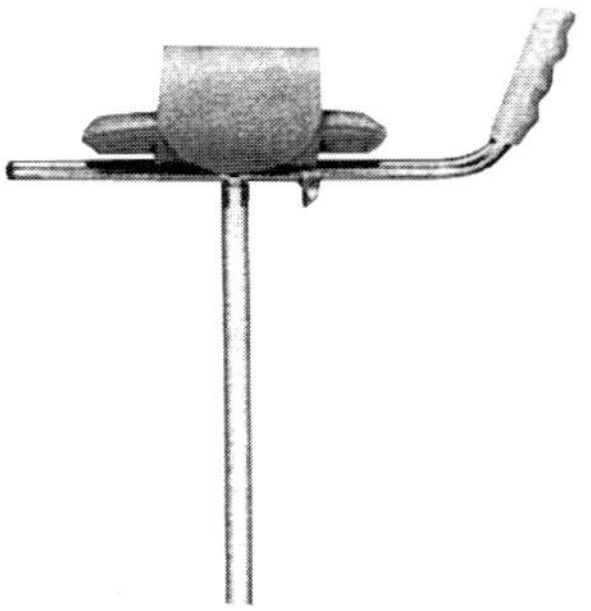

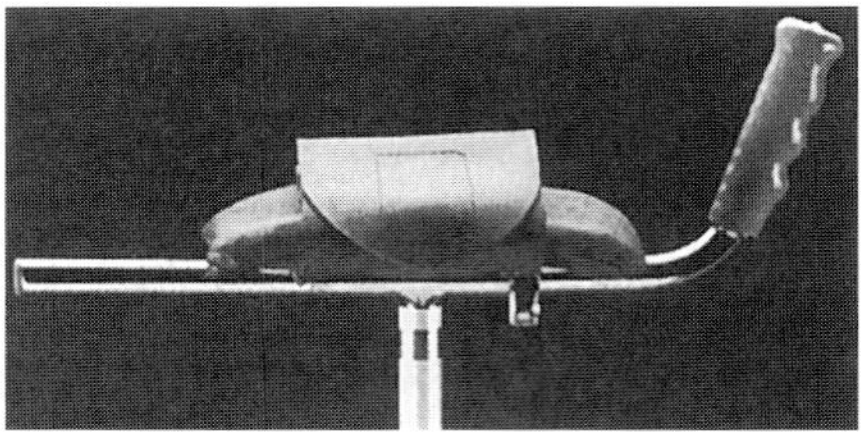

手首や指の関節炎の方や、握力の弱っている方のために開発されたクラッチです。

- 前腕でらくに体重を支えることができます。
- 180°回転するハンドル部分は、各人の前腕の長さにあわせて調節・固定できます。
- 身長にあわせて、高さ調節ができます。
- 軽くて耐久性に優れたアルミ軽合金です。

大阪：フクイ株式会社提供

関節炎クラッチ（リウマチ杖）

握力が弱く、肘で体重を支える方に向いています。具体的には慢性関節リウマチ患者さんのように、手や指の関節に力が入らず、肘で体重を支える杖。駅の名前のような杖ですが、別名プラットホーム型ともいわれています。

ただし、副作用として肩関節への影響が心配され目下検討中ともいわれています。

白杖

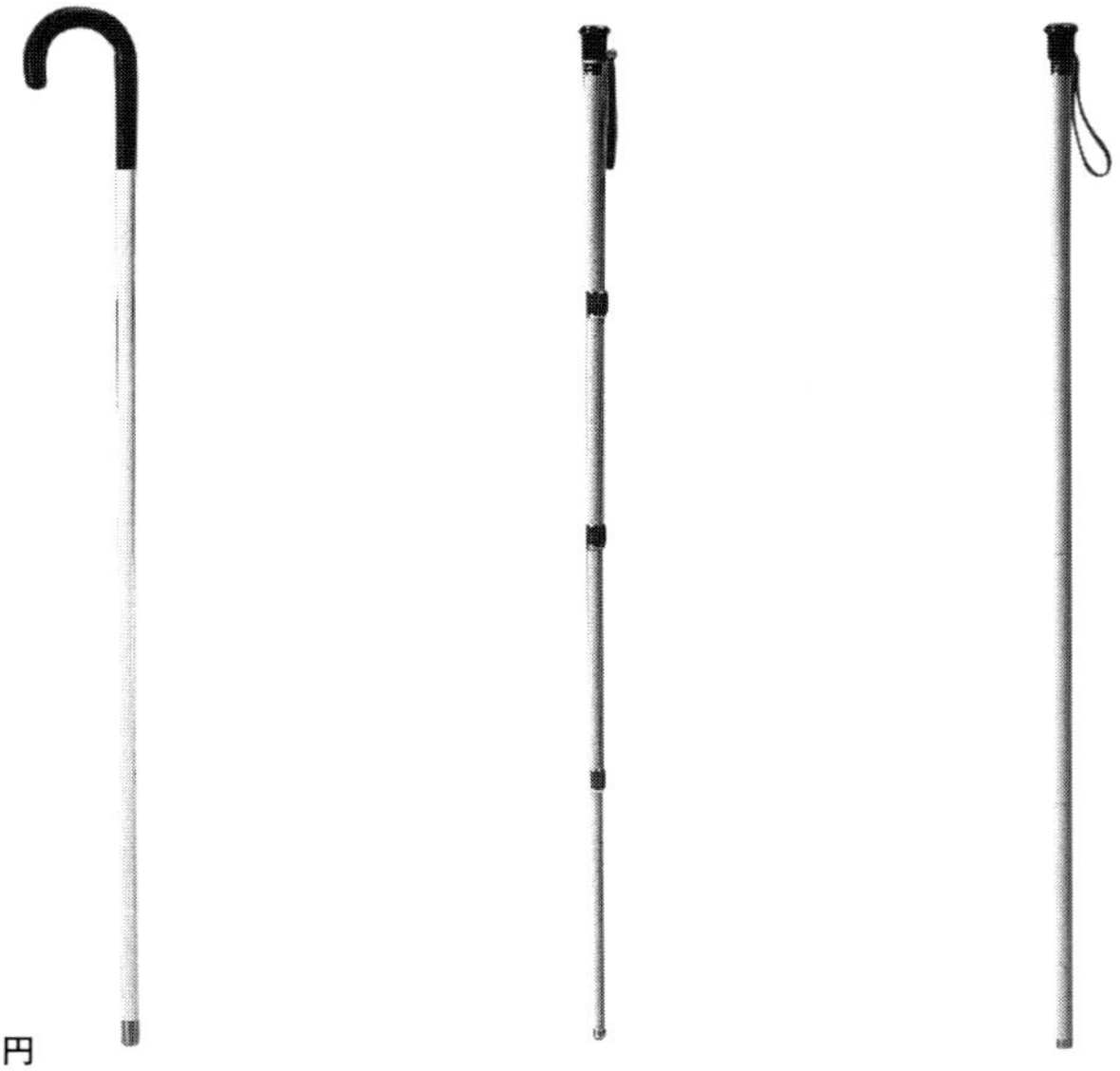

¥2,200～4,800円

視覚障害者の白杖

現代では、白杖が視覚障害者のシンボルになっています。視覚障害者の交通安全のために白杖がヨーロッパから全世界に拡がり、日本でも昭和40年代に定着しました。

初めは木製の白杖でしたが、現代では、軽くて丈夫なアルミ合金や、グラスファイバーで出来ています。

ただ、最近は交通事故が多発しております。交通事故から視覚障害者を守るために、盲人用の杖は白杖が基本ですが、最近は市町村単位で色が選定され、私の居住する浦安市では、赤い部分が1／3ぐらい付けてあります。中には白半分、赤半分の市町村もあります。いずれも夜光塗料で夜は反射するように交通安全対策が施されています。

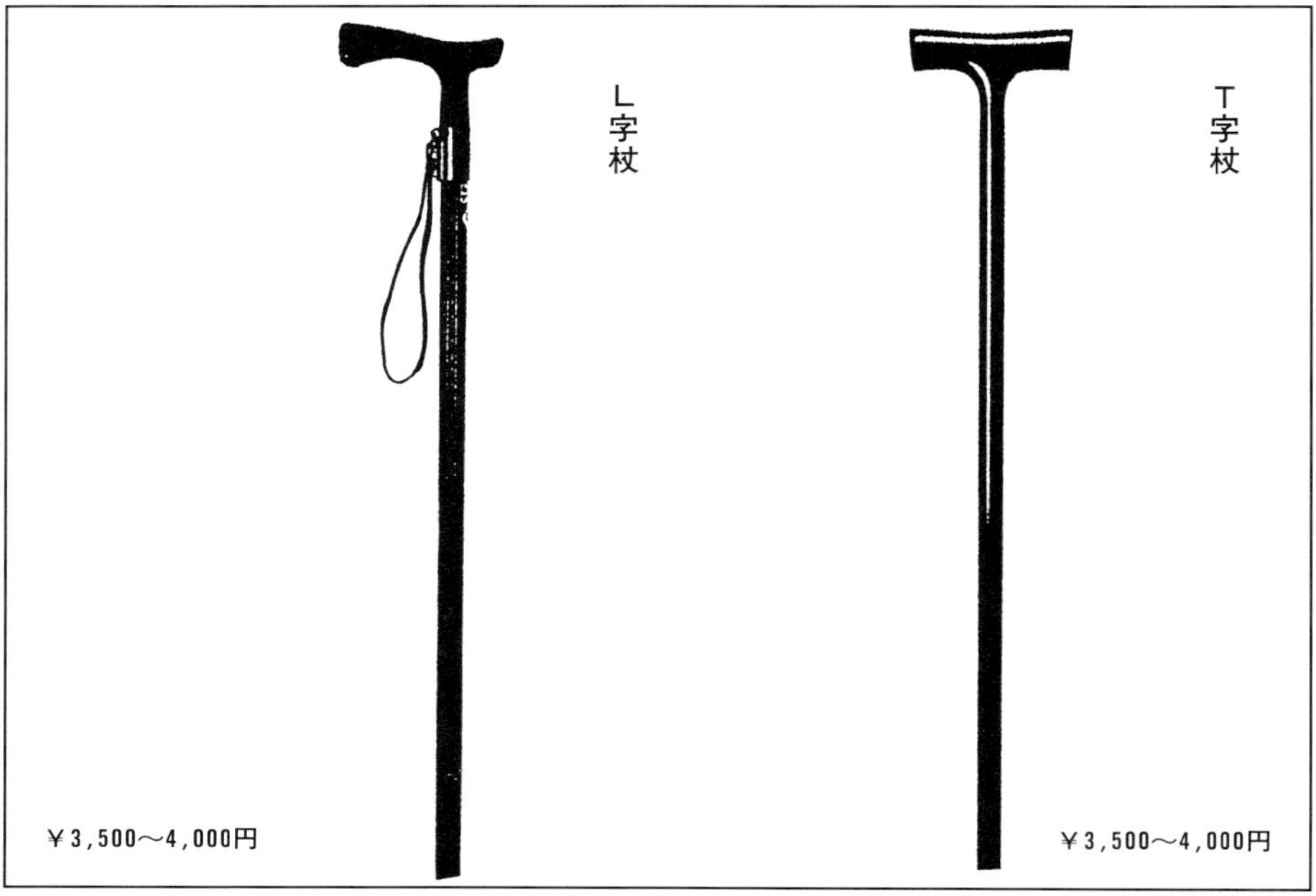

T字杖

単純ですが、最も機能型といわれ、病院のリハビリで使う人の大半は、このT字杖で、右手用、左手用もあり、医療用のおすすめ品といわれています。

L字杖

グリップに犬、馬、虎、ワシ、花などの装飾が入ったものもあります。ちょっぴりおしゃれな雰囲気がします。ただし、グリップは杖工房でも最もむつかしい作業といわれ、付け方が悪いとぐらぐらするので要注意です。

特に、一本杖でもグリップの部分と棒材の部分は接着されているのが普通です。特によく点検してください。

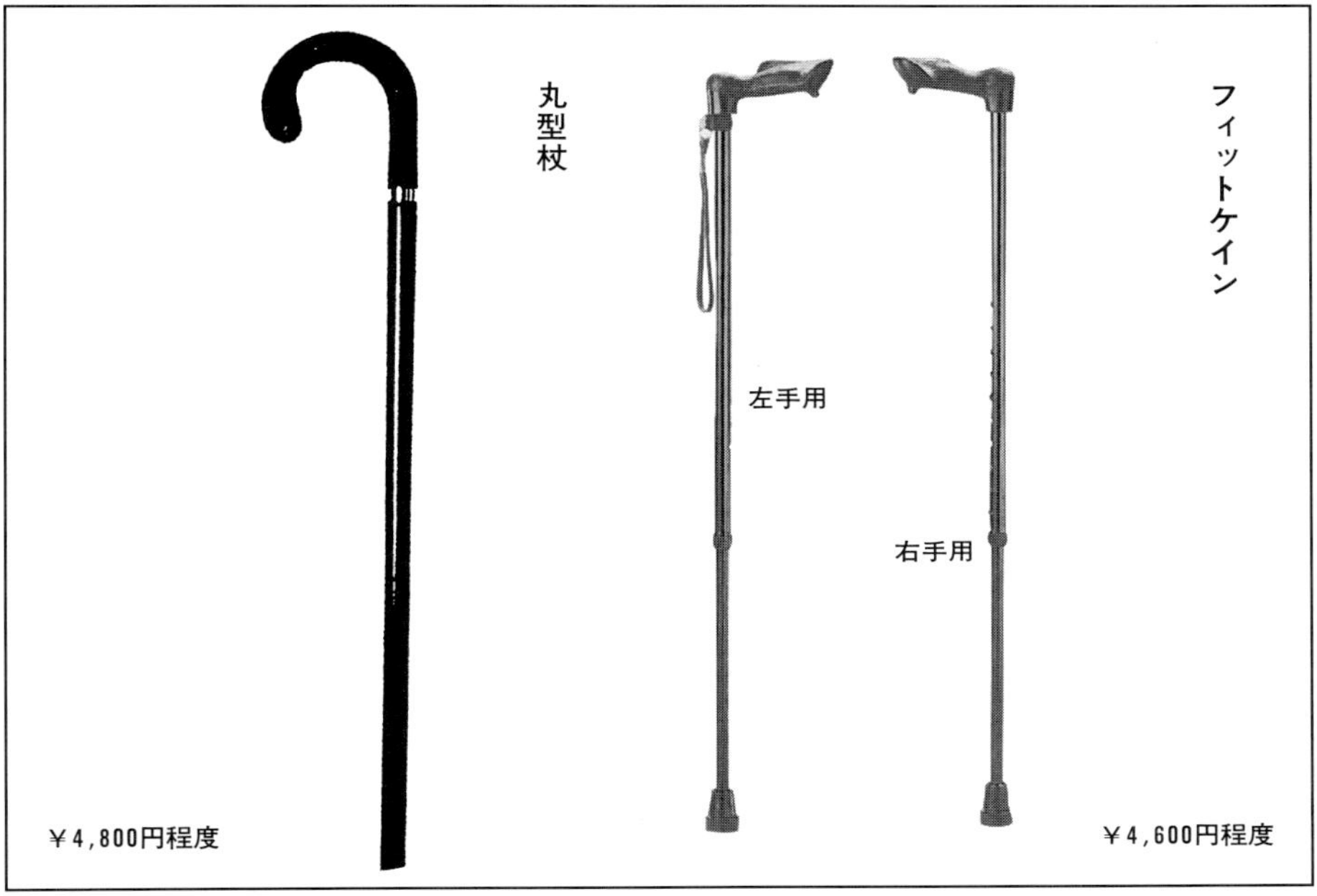

フィットケイン

(右)あまり見掛けない杖ですが、L字杖の一種。手にフィットする握りやすさが特長。10段階調節可能。左右の両手用がある。

(左)ロフストランド型のカラー版。ちょっぴりおしゃれの入った医療用の杖。杖の高さは11段階に調節され、値段が安い。アルミ合金、カラー合金、カラーグリップで重量は六百グラム程度という。

丸型杖

丸型はステッキ型ともいわれ、体重を支えるというより、恰好よく歩くステッキとして多く使われます。コウモリ傘の柄と同じで、昔からある最もポピュラー型です。最近は化学製品で丸型もできますが、木製になると一本の木を曲げて過熱処理するため、特別な技術を要するそうです。

折りたたみ式

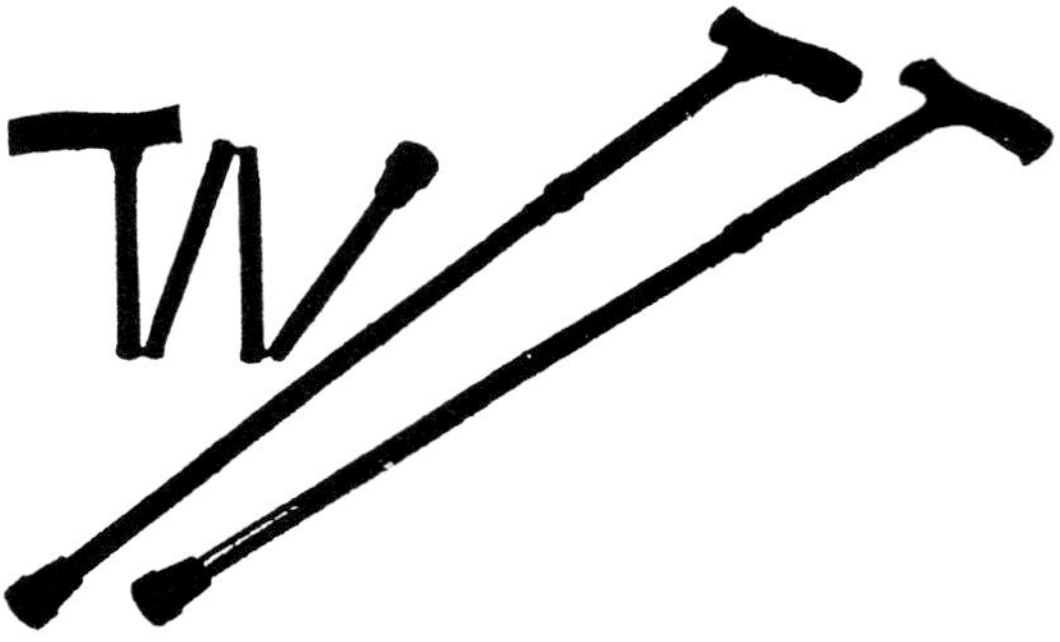

￥1,900〜7,500円

折りたたみ式ステッキ

最近は、どのカタログを見ても、折りたたみ式の杖やステッキが売られています。

一本がボタン一つで四つに折れ、また押すと一本に戻る仕組みです。

元来、この種の杖は旅行者、出張者、山登りなどのレジャー向けのもので、限られた期間、臨時に使うものなのです。慢性病などで、継続的に使う場合は避けた方がよいといわれています。ただし、患者の人気度は強く、比較的軽症の患者さんに向いているとの専門家の指導です。

杖の材料

木製

木製杖のトップは「スネークウッド」です。材料は固くて蛇のようなしま模様。原産地はブラジルですが、加工は、フランスまたは日本、ただ日本には職人が少なく高齢者が多いと嘆いております。

　また加工には企業秘密の特殊技能を必要とし、本品の注文品は何百万円もする最高級品。「でも世界的には注文がたえない」というから、世界的にはお金持ちが沢山いるものですね。（一三六頁①参照）

●続いて「黒スネーク」。別名パウサンドというのがあります。スネークウッドより重量が軽く、まだら模様。原産地はブラジル・アマゾン。神の木といわれるくらい貴重品で、南米産です。

●なお、熱帯地方のジャングルに自生し、日本では家具材に多く使われるものに「籐／とう」があります。

「籐」は幹に枝がなく、弾力があり、ふしとふしの間が長ければ長いほど高級品といわれています。マレー、スマトラ、オーストラリア産が多く、インドネシアのサマリンダ地方で高級品がとれるといいます。著者の一人、山田は、以上のような超高級品でも、注文次第で外国を飛び回り、見付けてくるというから、材料を見る目、勘、言葉、人脈も職人芸というところ。

●なお、既製品にもあるような、木製材料を挙げるとキリがない。「楓」「橘」「黒檀」など、日本でも出回っていますが、ヨーロッパでも、繁用されているとのこと。

　なお、木製ステッキと言っても、それはシャフトだけ。握り部分は象牙、水牛、鹿角などを用いるという。

竹製品

竹と言っても種類は多い。真竹の青竹の杖は葬儀に使われますが、ステッキに使う竹材は自然の味がするもの。中でも竹の根茎を使った寒竹のステッキは味わい、色彩、体裁がよく、最高級品といわれています。

ハイテク製品

いま、病院のリハビリで処方する医療用の杖をみると、その殆どはアルミ製か、アルミ合金でできています。アルミ合金は安くて、丈夫で、軽くて、木に比較して長所が多い。しかし、最近のステッキをみると、ゴルフクラブのシャフトと同じ化学製品が進出しています。アルミ、アルミ合金、カーボン、チタンなどだが、超軽量で、丈夫で、サビないのが宣伝文句で、見た目にもすぐれたものが少なくありません。

木〜アルミ合金〜カーボン加工杖、杖・ステッキにも、やがてハイテク時代が訪れようとしています。

とにかく、杖は、一般的に材質、太さ、厚み、固さ、形状などを考慮して、安全に使用できるよう工夫されています。

その意味では、世界的に著名なスネークウッドや黒スネークは、理想的な固さですが、肝心のコストが庶民向きではなく、お金持ちの持ち物になっています。

そう考えてくると、杖やステッキの材料は日本に昔から使われている前述の木製品、アルミ、アルミ合金などが無難と思われます。

杖の強度の目安も、安全使用のために発表されています。

それによると、松葉杖で、最大使用者体重一〇〇〜一二〇kg、安全使用の目安はその40〜70%とされています。T字杖、丸型、クラッチも同様の40〜70%の体重までが安全使用の目安です。

業界も、材料の研究にはぬかりがないでしょうが、今後とも一層の研究向上を願い、安くて良質で、安全で持ちやすい杖とステッキを供給して欲しいものです。

現代の杖・ステッキの材料

材料名	摘応
I．木製（ウッド）	
スネークウッド	世界的なステッキ材の最高級品。価格が高く、庶民の手には届かない。
黒スネーク（パウサンド）	原産地はブラジル。「神の木」といわれる貴重品。世界的な高級品でそれも庶民の手には届き兼ねる。
籐（とう）	日本では安楽椅子などの家具に見られる。原産地は熱帯地方。幹に枝がなく、竹に酷似している。節と節の間が長ければ長い程、高級材料といわれている。
花梨（カリン）	実から花梨酒ができるので有名。赤褐色で光沢があり、直径1.5メートル、高さ20メートルにもなる落葉樹。
樫（カシ）	樫は堅くて、加工が難しいという。水ナラは樫の一種だが、これだと仕上がりもよく、加工も簡単といわれている。黄褐色か紅褐色。耐久性もよく、水にも強い。ウメバガシがその一種。
桜（サクラ）	東北地方の寒い地方のものが良品。数年経った木を、表皮の光沢を生かして加工する。
紅葉・楓（モミジ・カエデ）	輸入品はカナダ産。材は緻密で、強度、耐久性もよく、色は赤褐色。
椿（ツバキ）	昔から聖樹といわれ、材は固く、光沢優良。ツゲに似ており、伊豆大島が産地。
リンボク	桜に似ている。アイルランドではステッキ最適材といわれている。
アカザ	超軽量、民間薬的効果があるといわれる。
ブナ	曲げやすく、加工しやすい最適の材料。
アゼリア	東北地方に多い木だが、自然木の味を生かしたステッキ材という。
エゴ	オリーブに似ているが、表皮を向いて加工する。やや固いが曲げやすい。
アッシュ	イギリスが原産。ステッキ銘木の一つ。自然の表皮は独特の美あり。
ブドウ	自然の凸凹があるが、この凸凹に味があり、喜ばれている。
II．化学製品	アルミ アルミ合金（ジュラルミン） カーボン チタン　など

医療の杖とリハビリテーション

アカザの杖

杖の本なら「これを書きなさい」と教えて貰ったのがこの杖です。私の取材に快く応じてくれた人で、浦安市の介護用品総合ストアの社長、岡崎武夫さん。

浦安市といえば、ディズニーランドで有名だが、つい最近まで漁師町で、旧住民の大半は潮焼けしている健康そうな元漁師が多い。

ですから、畑と言っても庭先の園芸地ぐらいで広々した農地とは違う。その一角に生えていたのが「アカザの草」です。

若葉は食用になり、民間薬になる。その茎を干して杖にしたのが「アカザの杖」。今なおお年寄りの人気が絶えない。

というのも、この杖をつくと疼痛除け、中風除けになり、現代病の脳血管障害の後遺症のマヒやしびれに民間薬的効果があるといわれているからです。

若葉は図のようだが、重味を感じさせせない軽量が特徴で、事実、かつての貝原益軒も「杖を造りて軽きものはアカザの杖」と詠んでいるように、アカザの杖は、どんな杖でも及ばない軽量さを特長としています。

現代では、杖の世界にアルミ、アルミ合金、カーボン、チタンなどの軽くてサビないハイテク材がもてはやされているが、どんなに立派なハイテク材にも負けない実用性という点では「アカザ」の杖の効用も見直したいものです。

上手な杖の選び方

杖とステッキについて

上表に杖が有効な障害や疾患群、次頁に杖（ステッキ）の医療用以外の使用目的を示しました。このように杖とステッキを考えると、杖とステッキは全く別々のものとも思われますが、厳密にはステッキも杖の一種です。杖は腕で体重を支え、ステッキはバランスをとるためと考えられますが、杖にもバランスをとる効果がありますし、ステッキにも体重を支える効果もあるのです。要は、程度の差であり、その上にステッキには杖よりも装飾性やおしゃれ感覚が強く、現代では「おしゃれのステッキ」として、デパートや専門店で売っています。保険外の自由診療的な面が強いと思われます。

足を不自由にする障害や疾患群

- 脳血管障害
- 変形性関節症（股、膝、足）
- 骨粗鬆症
- 慢性関節リウマチ
- しびれやマヒによる歩行困難を来たすせぼねの異常
- パーキンソン症候群
- 両下肢のケガ
- その他、痛風、下肢の外傷など

杖（ステッキ）を医療用以外に使う目的

- 歩行姿勢を正しく保ちたい方
- 転ばぬ先の歩行管理を望む方
- 足の病気の治った後のアフター管理
- もともと足が弱く、歩行に自信のない方
- 政治家、医学者、作家、事業家などで、歩行を管理し、要職を全うしたい方
- 自然の老化で足腰が衰えた方

医療用の杖

日本ではリハビリの専門医や理学療法士がおり「寝た切りにならないためのリハビリ」を目指し理学療法をすすめています。歩行訓練もその一つです。各科の主治医から依頼票が回ってくれば、杖の作成からそれを使っての平地歩行、階段昇降訓練まで必要に応じて指導してくれます。

ですから、歩行障害者の杖選びは、医療を受けている限り理学療法士が行い、体に合った寸法の調節も正しくその先生がやってくれます。

しかし、病院でもすべてがこのように診断―治療―理学療法まで、一環してやってくれるところは少ないのです。一般医院などでは、理学療法の標榜（看板）はあっても、こりを楽にする電気マッサージ的な機械による理学療法であったり、リハビリのない整形外科診療だけのところも多くあります。

ですから、上手な医者のかかり方としては、多少の時間はかかっても大きい信用のある病院を選ぶことが

大切で、そこに紹介状を書いてくれる近所のかかり付けのお医者さんを持つことも大切なことです。

歩行困難となれば、医師は、装具屋さんか、医療材料屋さんに連絡をとって、あなたの病気に合った、あなたの体に合わせた杖を発注してくれるはずです。

医療用では勝手にデパートで買ったりしないで、まず主治医に相談して、自分の病気と体に合った杖を選ぶことが大切です。

特に、病院で診断されてつくった場合は、65歳以上なら老人保健法の医療制度があり、費用の面でも得策です。

2本目以降の杖はあなた好みで

最近は、どの市町村でも、高齢者に杖を配布するところが多くなっております。私の住む浦安市でも、交通事故防止の黄色い杖を配布していますが、高齢になると、年齢と体力差が人それぞれに大きく変わってきます。

90歳になっても富士山に毎年登る人、市営のプールで二、〇〇〇メートルを泳ぎきる人がいると思えば、60歳でヨタヨタになる体力の人もたくさんいます。

ですから、80歳になったからと、年齢だけで年寄り扱いし杖を配るのはどうかと思われますが、しかし、貰う方から考えれば、自分の納めた税金で杖が配られるとなれば、だまって貰っておいた方が使う使わないは別にしてありがたいわけです。

私の知人にドイツ帰りのある理事長さんがいますが、ステッキを各季節に合わせて4～5本も持っておられます。

「病院の杖は急ごしらえで味気ない」と言って、直接杖屋さんに注文しておしゃれのステッキを格好よくついています。丸型のステッキですが、気品のあるステッキで犬を連れ、さっそうと大股に歩く姿はお似合いです。安物杖にすがって歩いたのでは似合いませんが、気品豊かなおしゃれなステッキで犬を連れて大股でさっそうと歩く姿はさすがドイツ帰りの紳士と思われました。

足の弱った私も、この本が完成したら、素敵なおしゃれのステッキでも注文し、気品のあるファッションでディズニーランド周辺のホテル群でも歩こうかとペンを振るっているところです。

贈り物にする杖選び

私の知人に、働きざかりのある社長さんがおられます。彼の父親は72歳ですが、足の慢性病を患い、意欲をなくして部屋に閉じこもりがちだったそうです。

心配した息子は〝オヤジ元気ださんか〟という意味で、三越デパートで1万円のステッキを買って届けたということです。

はじめのうちはカサ置きに放っておかれたそうですが、1週間経ち、10日経つうちに杖の置き場が変わり、公園の散歩や近所の人の輪に入り、「息子に3本目の足を貰った」と誇らしげにしゃべりまくっていたそうです。

年寄りが元気になるということは、行動を広くし、外気と接して、思いっきり新鮮な空気が呼吸できること、また他人の輪に入って、ともに語らいのできることの2点です。

若い人も、杖を年寄り臭いなどといわず、父の日や母の日には、贈り物に杖を選んではどうだろう。

予算は参万円前後、あなたのフトコロと相談して。かじりつくした親のスネ。その代わりというわけではないにしても親御さんの3本目の足として健康度にもよるができればシャレたステッキを…。

医療の杖とリハビリテーション

杖の買い方

杖を持つ人の原則

① 安全性を考える

最近は、どこのデパートでも杖を売っていますし、安売り店のホームセンターでは、ビニール袋に入れたまま売っているのを見かけました。ですから杖は、その気になれば、どこでも、いつでも買えますが、問題は値段ではなく、品質と安全性です。

読者の皆さんの中に、SGマークをご存じの方がどれだけいるでしょうか。

SGマーク

SGマークとは、「安全な製品」の略号で、通産省外郭の製品安全協会が、安全な製品として表示するマークです。そして、SGマークの貼付された製品は、万一の製品の欠陥に備えて、人身事故に対する対人賠償責任保険がついています。

以上の次第で、杖は、多少高価になっても、どうせ買うならこのマークつきがおすすめです。東京では、高島屋か、三越のデパートにあります。

② 自分の不具合いに合わせて

杖選びの項でも述べましたが、杖選びの基本は、使用目的を考えて決定しなければなりませんが、それにはまず次の点から考えるべきでしょう。

● 自立歩行のできる人

自然の老化によって健常な歩行が困難な人や、病気や怪我もなく、単に歩行が不安定な人で、転ばぬ先の用心に杖を持ちたい場合は、ステッキなどの極く軽いもので、小回りが効き、補助的に使えるものがよいでしょう。本文ステッキの項を参照してください。

● 自立歩行が困難な人

下肢の怪我や病気があって、杖なしには独りでの歩行が困難な人は、治療中の人も、在宅療養中の人も含めて、体を健康の足の方にあずけられる丈夫で、長持ちする頑丈なものがすすめられます。たとえば、松葉杖、ロフストランド型クラッチ、多点杖なども症状により使用されます。

③主治医か、理学療法士に相談を

病院で治療中の人は、主治医か理学療法の専門家が指導してくれます。在宅治療の人はかかりつけの主治医に相談してください。杖の専門は理学療法士ですが、主治医も同じです。専門家による正しい判断で、あなたの病気と体に合った杖選びをしてくれるはずです。それが杖選びの基本でありつづける原則です。

杖をもつ人のエチケット

① 優先席の譲り合い

杖をついて電車やバスに乗ると、優先席以外でも席を譲られることがあります。

席は譲る方も、譲られる方も勇気がいり、いろいろな意見もありますが、私は席は譲られたら、感謝して遠慮なく譲って貰うべきだと思います。優先席では当然杖をついている方は優先されるべきですが、だから俺の方が優先だ、と席をとりあうことは避けたいものです。

② 杖を振り回さないこと

杖はゴルフのクラブに似ています。よく交差点の信号待ちで、ゴルフの真似をしているのを見かけますが、いかにブームとはいえ、杖を振り回して、ゴルフや剣道の真似ごとは止めるべきです。

杖の日常の手入れ

① 手入れ法

杖の一般的手入れは、錆びない、傷つけないことを目的に行います。とくに、木製杖の場合は、湿気、直射日光、温度変化を避け、雨で濡れたときなど、乾いた布で拭きとり、ときにはワックスをかけて十分手入れしてください。

② 先ゴムの交換

先ゴムは、毎日使う人は3カ月に1度は交換してください。また先ゴムは、材質や硬度により異なりますので、必ずあなたの杖に合った専用品を覚えておくと便利です。

要領は、最初買うとき、1、2個予備をつけて貰いその適合寸法を杖の下部〔先ゴムで隠れるところ〕にでも記録しておくと便利です。

③ 杖の点検箇所

杖は50ページでも触れたように、一本杖とはいえグリップの部分は接着されているものです。ですからこの部分が離れたり、ゆるむことがあります。杖では1番弱いところですので、日常の手入れの際、点検した方がよいでしょう。

④ 杖は床に置かないこと

現在のところ、病院の診察室や銀行、お役所などにも、杖立てはなく、少々無理な注文ですが、杖は床に置かず、立てかけておきましょう。床に置くと握り部分も汚れますし、その杖につまづいたりしてはそれこそ危険で、笑い話にもなりません。待合室などに杖立てを置いてくれるとありがたいのですが、今のところそれも叶いません。壁の角でも利用してできるだけ立てかけるように置きましょう。

折りたたみ式について

ボタン一つ押せば、一本が四本になり、もう一回ボタンを押せば四本が一本になるマジック的な折りたたみ式の杖が人気を呼んでいます。

しかし、器械類は、複雑になればなるほど使用法が難しくなり、故障もおきがちです。若者なら、ちょっとした故障は自分で直せますが、年寄りではそうもいきません。古い折りたたみ式を持っている著者は一本に伸びた杖がズルズルと節目で止まらず、困ったこともあります。

また、折りたたみ式の杖は、登山や小旅行の携行用に作られているのです。病気が固定している慢性疾患の方や、足の不自由さが固定している場合は、その人に合ったしっかりした一本杖を持つのが基本といわれています。ただし、最近は折りたたみ式の人気は高く、比較的軽症の患者さんには処方するところが多いといわれております。

医療の杖と
リハビリテーション

ステッキで要職を全うした偉人伝

最近のテレビで、名優森繁久弥さんのステッキをつく光景が放映されました。つい最近は、笑いの王者、吉本興業㈱の会長さんの素敵なステッキ姿が放映されました。人間は、歳を経れば誰れでも足腰は衰え、要職にあればあるほど自己防衛が必要になります。

人間は、生まれた直後は手足で這い、長じて2本足、老いて3本足になるといいます。

3本目の足はステッキを意味しますが、老いてステッキを持つということは自然の理で、「恥じ」でも「見栄」でもないのです。

杖は、体重を腕に預け、痛む個所への負担を軽くする役目がありますが、杖の一種であるステッキは、体重を支えるというよりも、バランスをとるために使われます。ですから病気や年齢に関係なく、歩行上の健康管理に、転ばぬ先の護身用として使われます。「杖を使わぬ人生」や、「転ばぬ先の杖」の場合のそれはステッキの方が妥当かもしれませんね。

また、ステッキの第2の使用目的は、歩行姿勢を正しくすることです。

歳をとると、一般的にうつ向き加減になり、歩く歩調も「こせこせ」「こせこせ」して、何かギコチなくなります。これは、バランスの悪い片足で支えている時間を無意識のうちにできるだけ短くしようとする比較的安全な歩き方というわけです。

しかし、ステッキをつくと、背すじは真っ直ぐ、顔も正面を向いて、歩く歩調もやや大股でゆったり歩けるようになります。常にステッキを含めた2本以上の支えがあるため、患肢で支える時間を長くしても安心だからです。

多くの人は杖もステッキも同じと言います。しかし、ステッキは主にバランスをとるのが役目ですから地面に軽くついて、さっそうと歩けます。ですから、ステッキと呼ばれるものは体重を支えるための杖よりやや細く、しなやかにできています。
つい先日も、第26回国際福祉機器展で、杖とステッキはどう違うの……と質問したら、「同じ」と答えてくれた美人の女店員さんがおりました。
くれぐれも、ステッキに体重を預けるような治療行為は避けたいものです。
ところで、歴代著名人とステッキですが、次のように集約して紹介しましょう。

〈夏目漱石〉

漱石の「わが輩は猫である」は、余りにも有名ですが、最近「漱石とステッキ」という本が出版されました。ステッキや杖は一般には年寄り臭い不遇のものですが、著者にいわせると不遇が狙いで出版したということです。漱石全集にもなく、総索引にもない不遇の本ですが、インターネットでは、ちゃんとホームページにでています。
漱石は、幼少の頃足をケガして杖をついていたということから、漱石文学の底流には、恐らく杖があったであろうと推測されています。

〈志賀直哉〉

文化勲章に輝く作家ですが、志賀文学の中心的作品はステッキ全盛期に書かれたと言ってよいでしょう。ステッキ・杖の全盛期は昭和の初めです。
ステッキボーイやステッキガールが一世を風靡し、銀座カンカン娘もこの頃の唄と想像されます。
銀座の唄で、スネークウッドがでるのはなーに。と質問されたが、私には答えられなかった。

〈水戸黄門〉

テレビでお馴染、ワッハァーハァーの水戸光圀公です。助さん、格さんを伴い諸国漫遊。身長より長いステッキを持ち、悪徳大名を成敗する杖。いまだにファンが多く、人気は落ちません。

〈御木本幸吉〉

伊勢志摩出身の真珠王。背丈に余る長いステッキを持つ銅像が鳥羽の真珠島に立っており、道行く旅行者を振り返らせています。

〈吉田　茂〉

戦後の日本を再建したワンマン首相、宮中の鳩杖最終の拝領者といわれるが、そのステッキは寒竹、象牙、蒔、シルバー、水牛と数多い。

〈岸　信介〉

同じく日本の総理大臣。そのステッキは水牛シルバーとスネークウッドの世界最高作品。

いずれも、これらのすてきなステッキは「大塚薬報」ナンバー五一二号、一九九六に特集としてカラー掲載されております。

「参考文献」

矢野憲一著／ものと人間の文化史・杖／法政大学出版局／一九九八／東京

2

歩行を困難にする病気と杖の効用

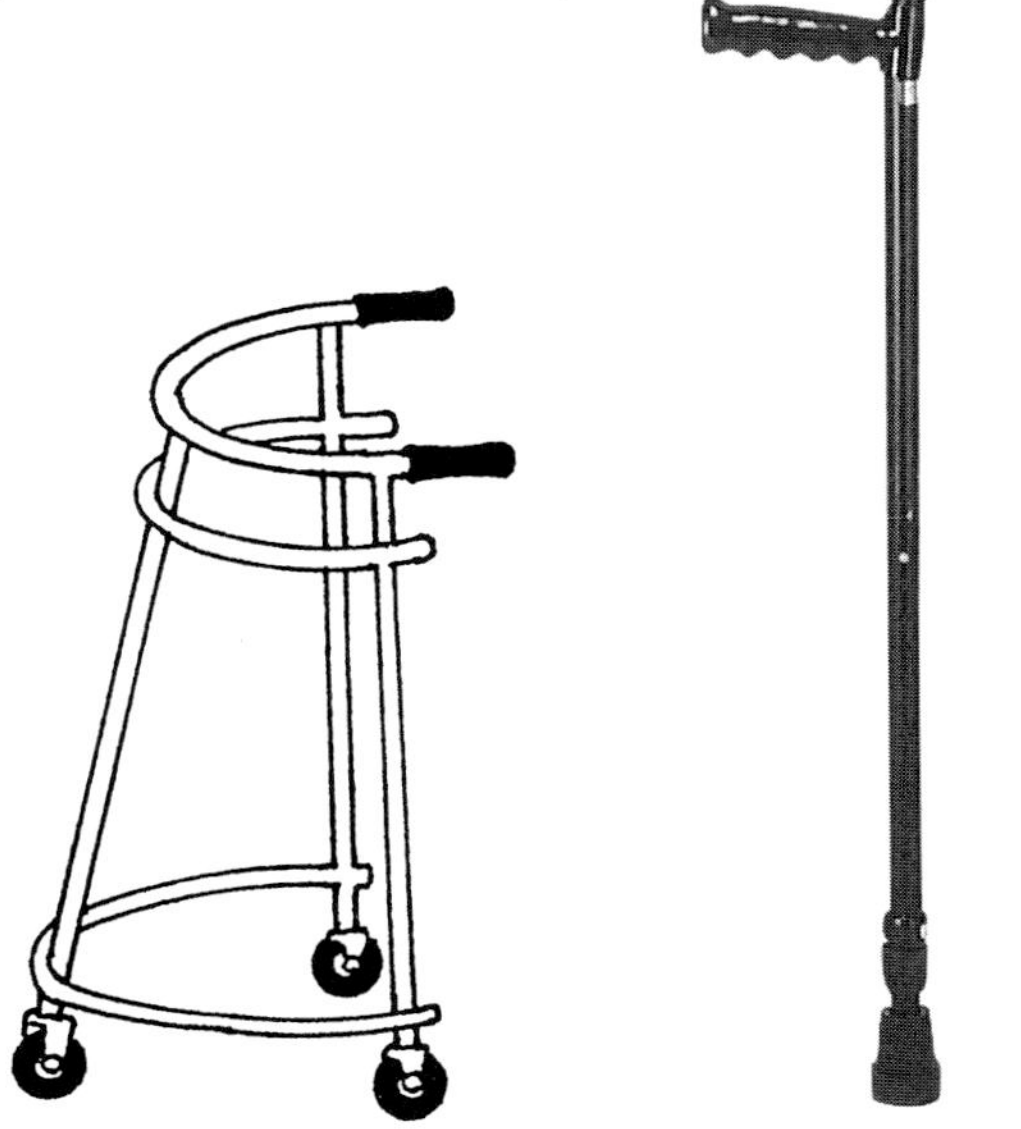

医学的に見た歩行障害

医学的に見た歩行障害については、次表に示しました。この中には、車椅子、シルバーカー、歩行器など、杖以外の歩行補助具が適用される障害もあり、難病に指定されている障害もあります。

歩行器（車）については、第3章で詳述しますが、本項では杖を中心とした歩行困難について考えてみましょう。

●医学的に見た歩行障害のいろいろ

歩行障害名	摘　　要
1)痙 性 歩 行	脳やその近くの運動神経系の障害で、からだがマヒしておこる歩行で、以下の2種類の歩行障害が代表的なものです。 ■片マヒ性歩行 からだの片側がマヒした際の歩行で、健康な側の足に体重をかけ、マヒした側の足で地面に半円を描きながら足を引きずって歩きます。マヒしている腕を曲げて体に密着させたり、足と同様に腕で半月を描くような運動をします。 ・脳卒中など、脳血管障害の後遺症 ・多発性硬化症、脳腫瘍、頭部外傷などでみられます。 ■はさみ状歩行 からだの両側がマヒした際に見られる歩行で、両足を交互に、外側にまわしながら、引きずって歩きます。下肢を膝のところでX字型に交差させ膝を軽く曲げてつまさきで歩きます。 ・脳性マヒ、遺伝性痙性対マヒ、重症の脊髄症などに見られる歩行障害。

2)小　歩　症	足底を引きずって、小きざみに歩く歩行です。 ・脳動脈硬化症、パーキンソン病などに見られる歩行障害。
3)失調性歩行	原因が「せきずい」にある場合と、「小脳」にある場合があります。 **■せきずい性失調性歩行** 必要以上に足を高く上げ、かかとから先に地面を打つようにして歩きます。歩行の調子が不規則で足先が､一歩ごとにいろいろな方向を向くので、いつも自分の足を見ながら歩くのが特徴です。 ・脊髄癆、連合性脊髄変性症、フレデリック病などで見られます。 **■小脳失調性歩行** 足を必要以上に高く上げ、投げ出すようにして歩き、上下肢の協調運動が見られません。 小脳半球の障害によっておこるもので、その部位によって、平衡が保てないために、両足を広く開いたり、酔ったときのように、足がもつれ、両側に交互によろめいたりします。
4)マヒ性歩行	運動神経末梢の方の障害が原因でおこるもので､にわとりが歩くときのように､足を高く上げて､つま先から降ろし､足先を引きずって歩きます。 ・腓骨神経マヒ、多発性神経炎、神経性進行性筋萎縮などに見られる歩行障害。

5)よたつき歩行（あひる歩行）	股関節で上体の重さを十分に支えられないため、骨盤で大きな円を描き、これとともに上体、ことに肩を揺すりながら歩きます。 ・先天性股関節脱臼、進行性筋ジストロフィーなどに見られる歩行障害。

家庭医学大辞典（小学館）より抜すい

せぼねから来るシビレ・マヒ・歩行困難

人間は、10人中8人は一生の間に腰痛に悩むといわれます。私は最近、「せぼね」の健康書を発刊しましたが、人間はなぜ腰痛に悩む人が大勢いるのでしょうか。

かつて人間は、四本足の動物から2足歩行に進化し、「手」の自由という特権を獲得しました。しかし、一方では、腰痛は人間が立って歩くようになった2足歩行の代償ともいわれております。

さて、腰痛治療の基本は、コルセットによる局所の安静ですが、その際にも全身的には、「坐る」「立つ」「歩く」の適度の運動が伴うことを知るべきでしょう。

とくに腰痛には、下肢のしびれやマヒ、痛みなどによる歩行困難を伴うものが多く、その代表的な症例を上表に示しました。

いかにも、いかめしい病名が並んでいますね。これ

せぼねから来るシビレ・マヒ・歩行困難の疾患群

- 変形性せきつい症（頸椎、胸椎、腰椎）
- 椎間板ヘルニア（頸椎、胸椎、腰椎）
- 腰椎変性すべり症
- 腰部せき柱管狭窄症
- せき椎カリエス
- せき柱後縦じん帯骨化症（頸椎、胸椎）
- 神経・筋性（マヒ性）側弯症
- せき柱後弯症（ねこ背・腰まがり）

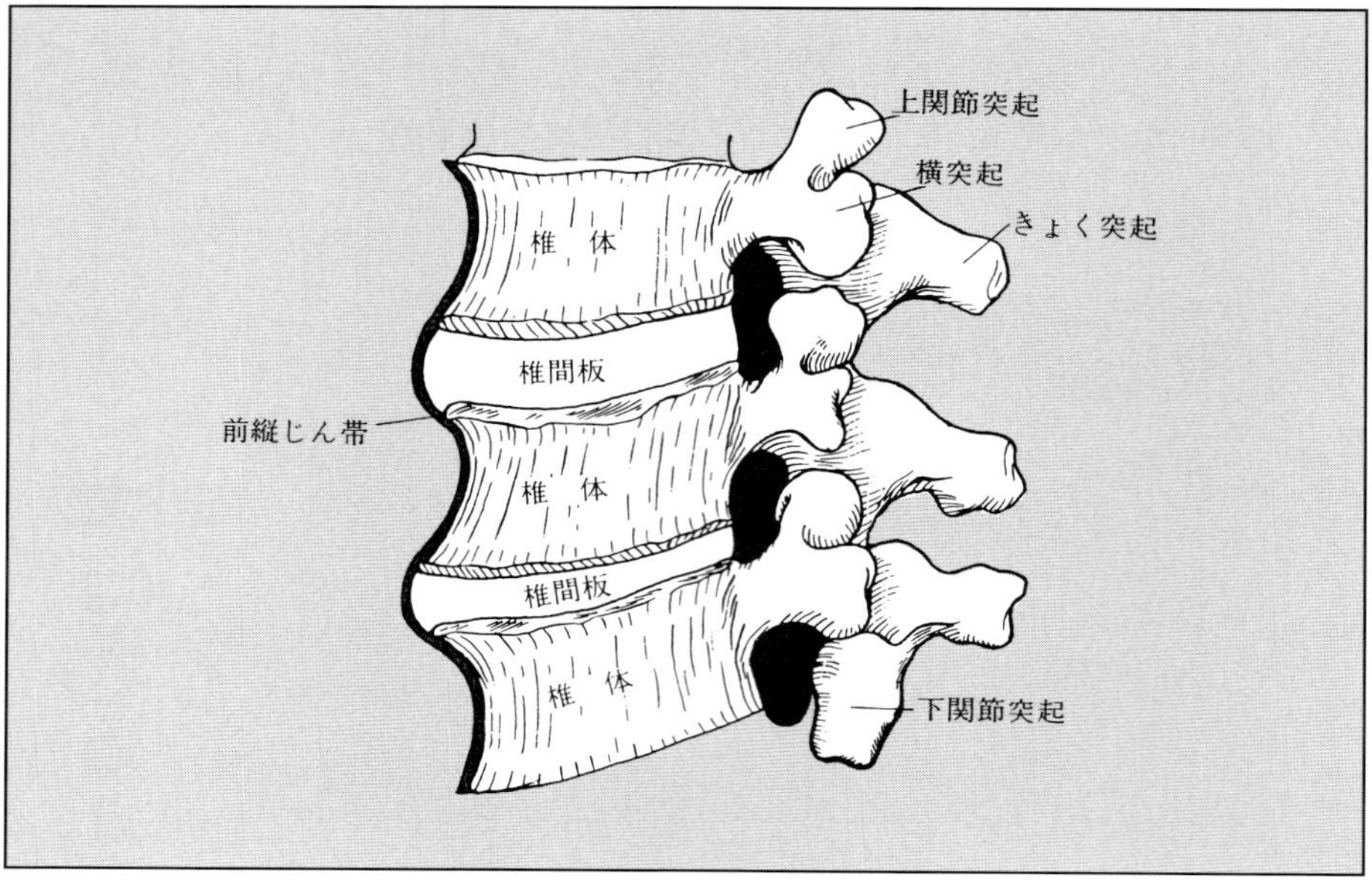

知っておきたいせぼね連結

らの病気の中には、腰痛以外に下肢のシビレ、マヒで歩行困難を主訴とするものが多いのですが、それらの大多数は手術の適応となります。

現在では、普通であれば、全治可能な疾患ですが、年齢によっては手術後のリハビリ、自己管理を含めて生涯にわたって歩行能力を維持するのに努力を要する場合があります。杖は最大のサポーターであると同時に、怪我からのプロテクターでもあります。

私の戦友に骨盤を手術して杖をついている人がいますが、「転んではいけない」と自分に言い聞かせ、温泉に入るときも、カラオケでマイクを持つときも杖を離さず、四六時中杖にすがった生活をしております。せぼねからくる下肢のしびれやマヒをもつ患者さんも同様です。手術で回復したからといって、転んでは元の木阿弥になってしまいます。まず転ばないことです。

杖は現在、65歳以上の人では、全額老人保健が適用されます。ですから杖を、費用的な面からいうと、病気で処方される医療の杖は無料で、デパートなどでは有料ということになるわけです。

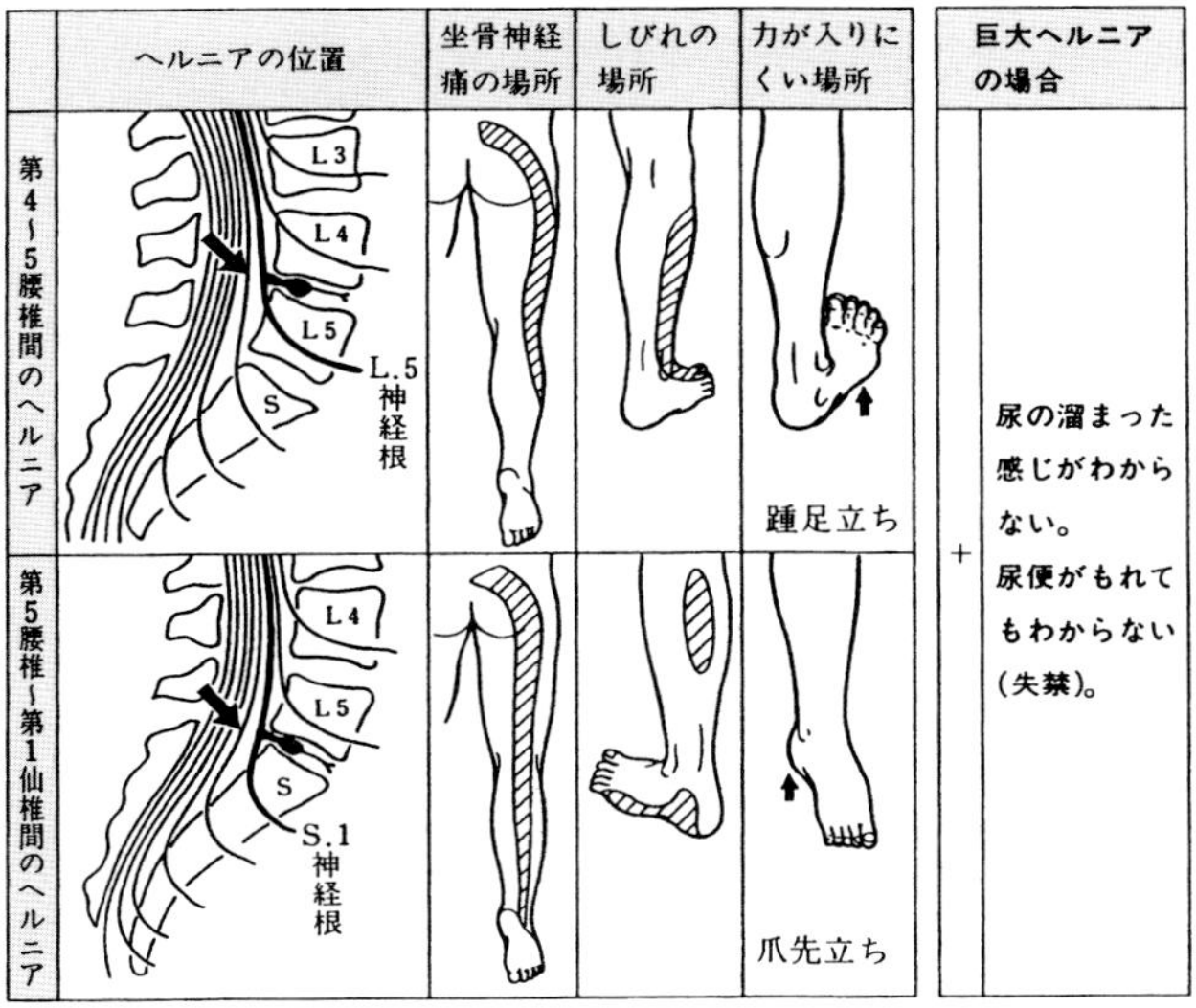

ヘルニアの位置
坐骨神経痛の場所
しびれの場所
力が入りにくい場所
巨大ヘルニアの場合
第4～5腰椎間のヘルニア
L3
L4
L5
S
L.5神経根
踵足立ち
第5腰椎～第1仙椎間のヘルニア
L4
L5
S
S.1神経根
爪先立ち
＋
尿の溜まった感じがわからない。
尿便がもれてもわからない（失禁）。

腰部椎間板ヘルニアの症状

また、杖をつくことによって病気や手術後でも体の安定感が増し、リハビリや療養上の行動範囲が広くなる効用があります。

その意味で、あなたの場合も、治療前、治療後を問わず、杖の使用がおすすめできるわけです。

老年者の歩行とその障害については、学問的にもいろいろ発表があります。とくに監修人の一人平林はCLNICIAN'89 No.3869の誌上で次のように述べています。

「老年者に特有ともいえる骨粗鬆症によって大腿骨頸部を骨折したり、頸椎症や腰部脊柱管の狭窄症によって下肢に麻痺をきたしたり、股や膝に変形性やリウマチ性の関節症をきたせば、歩行は一層困難となり、遂には歩行も、起立すらも不能となる。いわゆる寝たきり老人となり、呼吸・循環機能の低下から、ひいてはぼけ老人に至るQOL（Quality of Life）の著明な低下をきたすことになる。その結果は、家族全員のQOLの低下という深刻な家族問題をも惹起する。

どんなに機械化社会が進み、車椅子が便利になろう

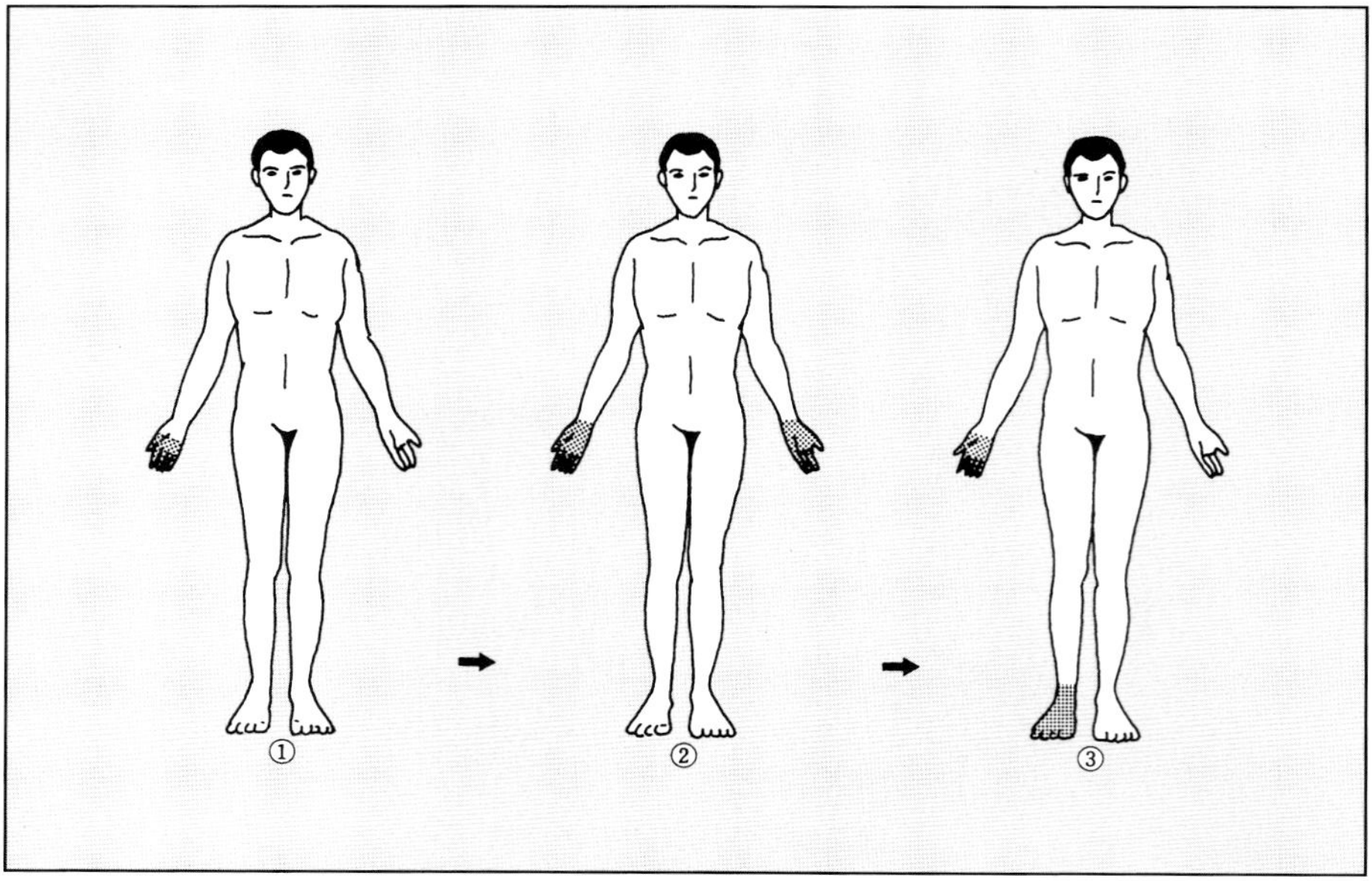

頸部変形性せきつい症でみられるしびれの進みかた(1)

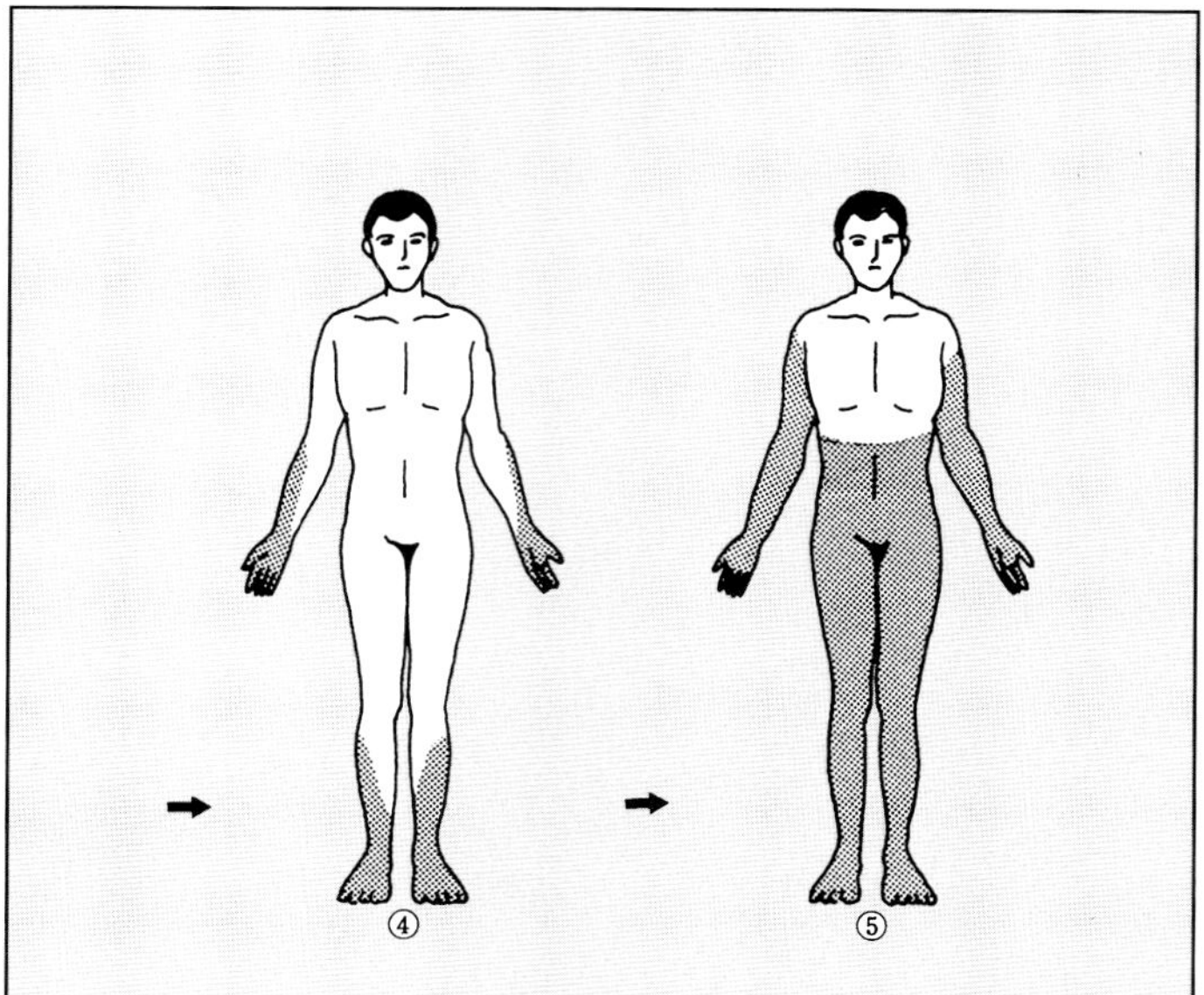

頸部変形性せき椎症で見られるしびれの進み方(2)

とも、患者自身の下肢による支持能力や移動能力を損う以上、ＱＯＬの低下は防ぎようもない。そこで「杖や歩行器も重要だが、それ以前に、手術などでマヒの原因を取り除くことの方が優先されねばならない」と強調されております。

●腰痛と下肢のシビレによる歩行困難例

変性すべり症（55歳　女性）
腰痛と下肢のしびれで長く歩けない病気

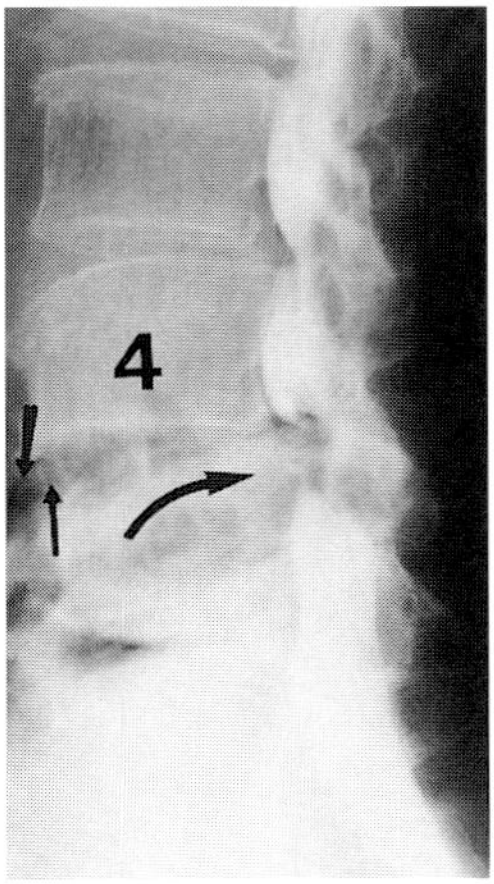

【せきずい造影像（ミエロ、側面)】
第４腰椎が前方にすべり（小さい矢印)、硬膜管は第５腰椎椎体の角で圧迫されている（大きな矢印)。

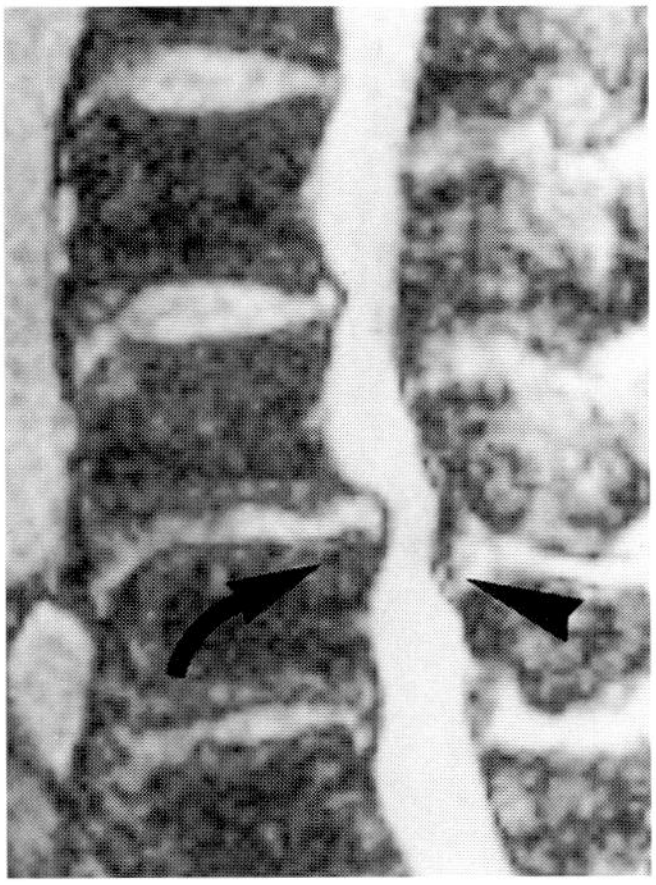

【MRI像（縦断面)】
硬膜管は後方からもじん帯（矢頭）で圧迫され、くびれている（せき柱管狭窄)。

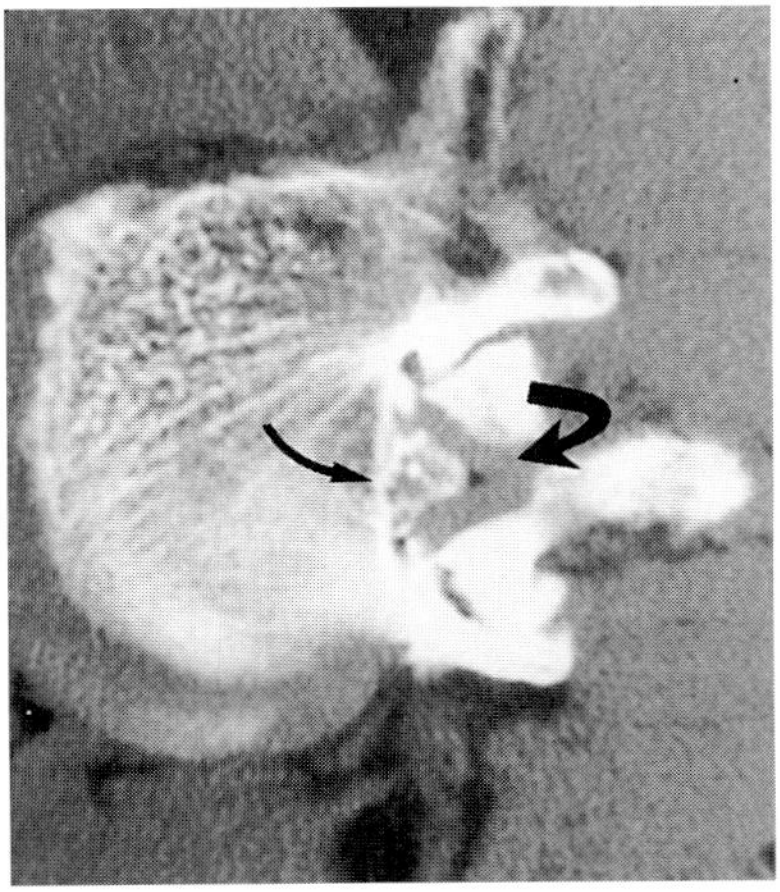

【CT−ミエロ像（水平面)】
硬膜管は、前方は第５腰椎椎体（小さい矢印）で、後方は厚くなったじん帯（大きい矢印）で圧迫され、細くなっている（せき柱管狭窄)。

脳血管障害の後遺症(下肢のマヒ)

杖の使用が効果的な疾患の一つに、脳血管障害の後遺症があります。脳血管障害の代表は脳卒中ですが、脳卒中は大別すると次のようになります。

①脳内の血管が破れて出血する「**脳出血**」。

②血のかたまりなどで血管が詰まってしまう「**脳血栓**」。

③脳を覆っている膜の中の血管が破れて出血する「**くも膜下出血**」。

④脳血管がつまった結果脳に栄養がとどかなくなり、脳細胞が壊死してしまう「**脳梗塞**」。

脳卒中の発作は、このように出血や梗塞のために、脳の働きに必要な酸素や栄養が十分届かず、脳の一部が働かなくなって起こります。

言語障害や、手足のマヒや、歩行困難を起こしますが、寝た切りや、意識が戻らずに死亡に至る例も少なくありません。

●脳卒中の種類

脳出血 高血圧が原因で、脳内の細い血管がもろくなり、破れて出血したもの。
脳血栓 血管の内壁が硬化して、しだいに内腔が狭くなり、遂には閉塞したり、血液の塊が脳の血管に流れてきて詰まって、脳の組織が障害されるもの。
くも膜下出血 くも膜と脳の間を走る血管の壁にできた瘤(動脈瘤)が破裂して、おもに脳の表面に出血が起きたもの。

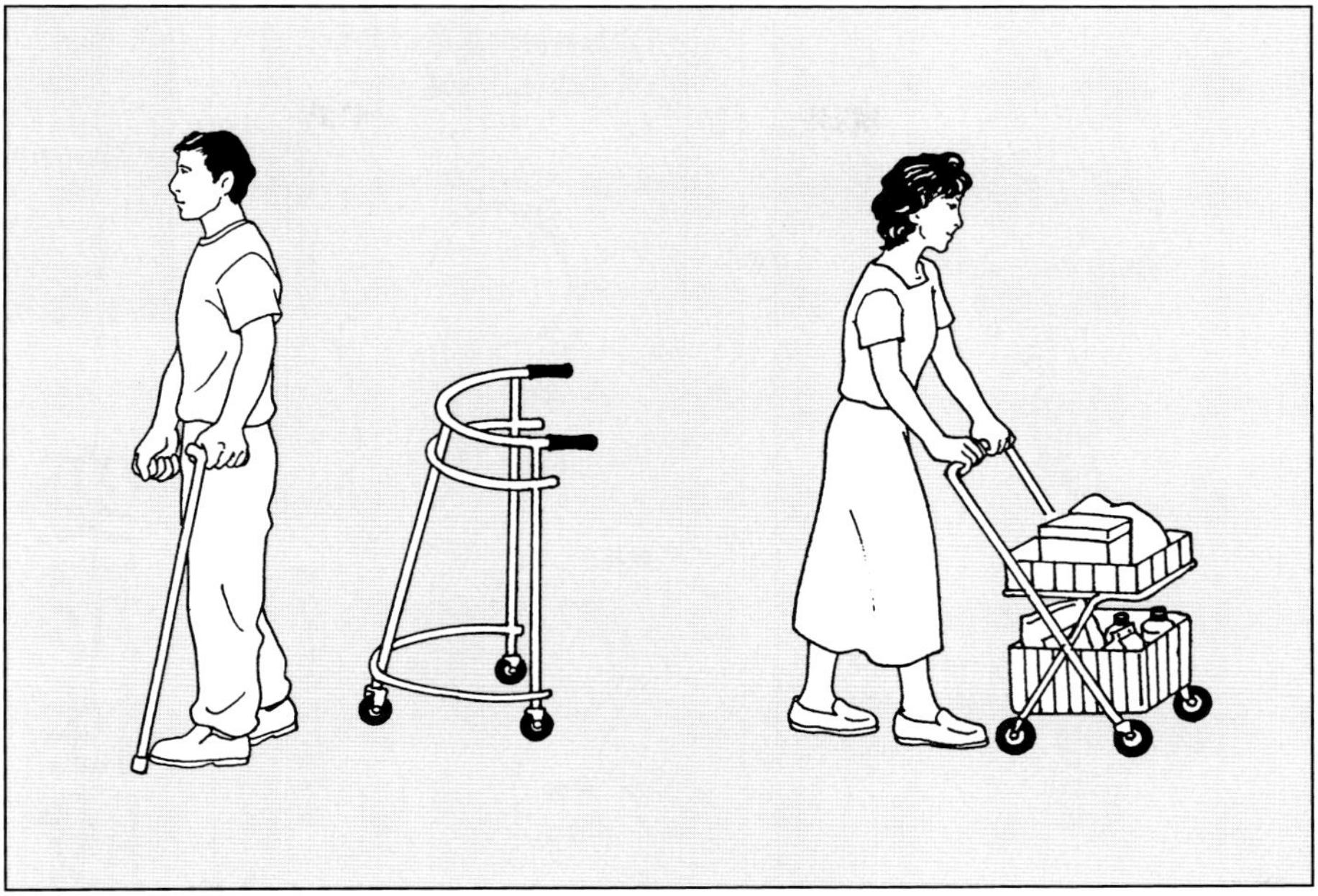

脳卒中の発作が、いったん起こった場合は、障害された殆どの脳細胞は元には戻りません。ですから、脳細胞の障害が、進行するのをとめたり、再発を防ぐ治療が中心になります。とくに発作後1～2週間の急性期は、全身の状態を改善するために、その管理に重点をおきます。そして発作後の危険な状態を脱し次第、できるだけ早くリハビリが開始されます。言語障害や手足のマヒによる歩行困難などの後遺症がつきものだからです。

とくに歩行困難については、歩行器や杖を用いて根気よく訓練する必要があります。退院後の家庭リハビリでも、杖や歩行器を上手に使い、人に頼らず杖に頼って、自分のことは自分でするようにすることが、この障害を乗り越えるコツのようです。

〔参考文献〕
お年寄りの病気と介護／脳卒中（山口武男）ＮＨＫ出版、平成5年。

変形性股関節症と杖の効用

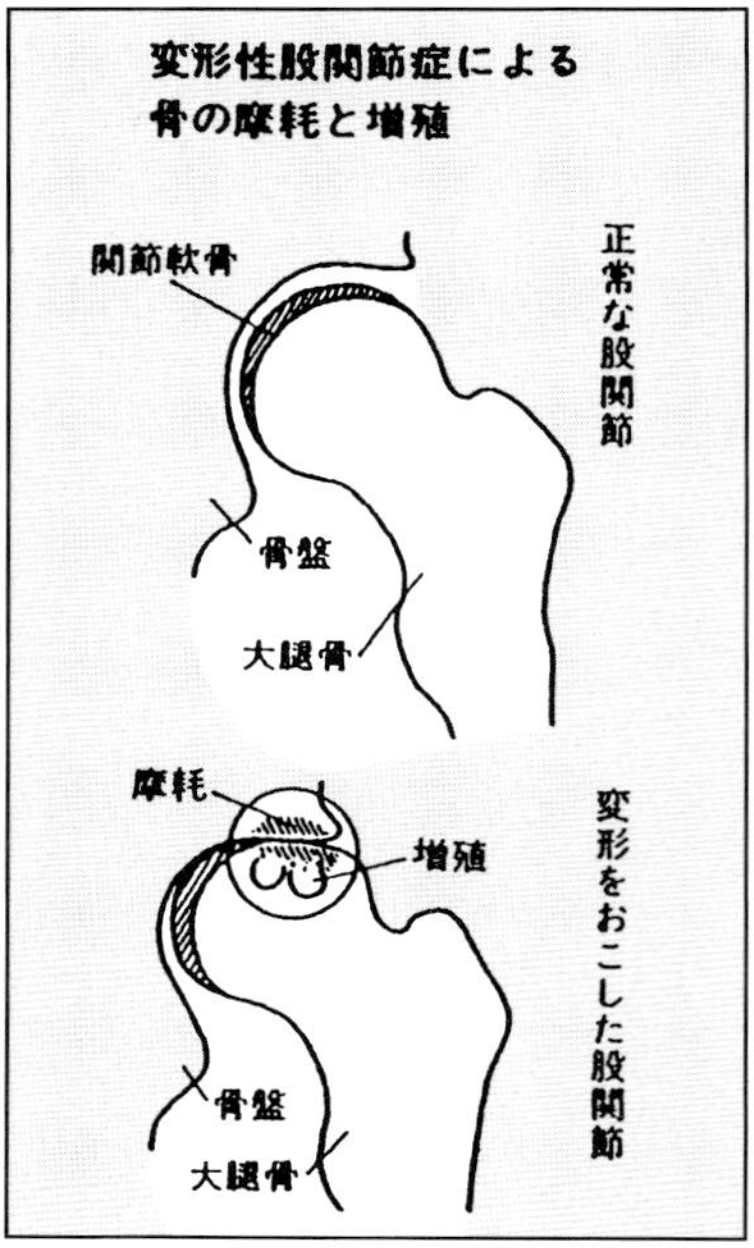

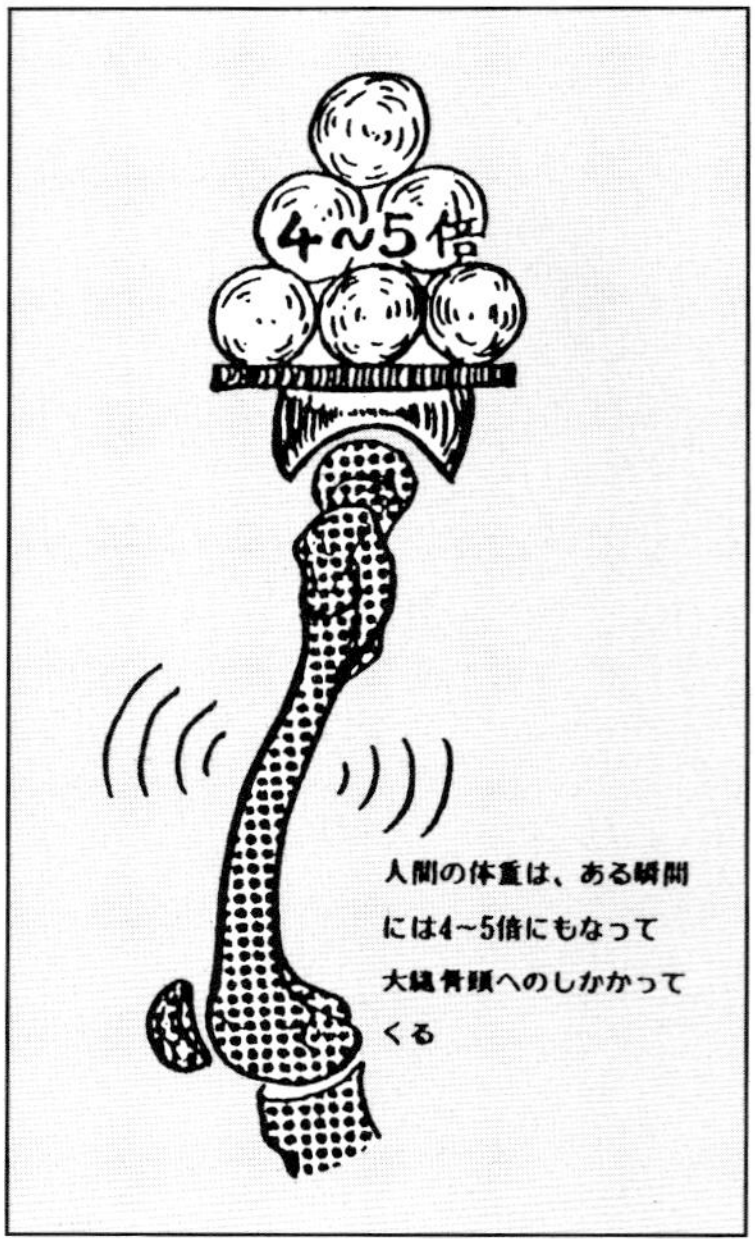

4~5倍
人間の体重は、ある瞬間には4~5倍にもなって大腿骨頭へのしかかってくる

この病気は

●股関節の関節軟骨が破壊される病気です。

●関節軟骨というのは、丈夫な線維でできていますが、この丈夫な軟骨も、ひとたび破壊が起きると、どんどん進行していきます。この進行にはいろいろな要因がありますが、その一つには体重の負担が大いに関係します。

●人間の体重というのは、立ったり、歩く時には図のように瞬間的には、4~5倍にもなって大腿骨頭へのしかかってくるのです。

●また、股関節の破壊は、大きく分けて四段階に分かれています。

①前関節症
②初期関節症
③進行期関節症

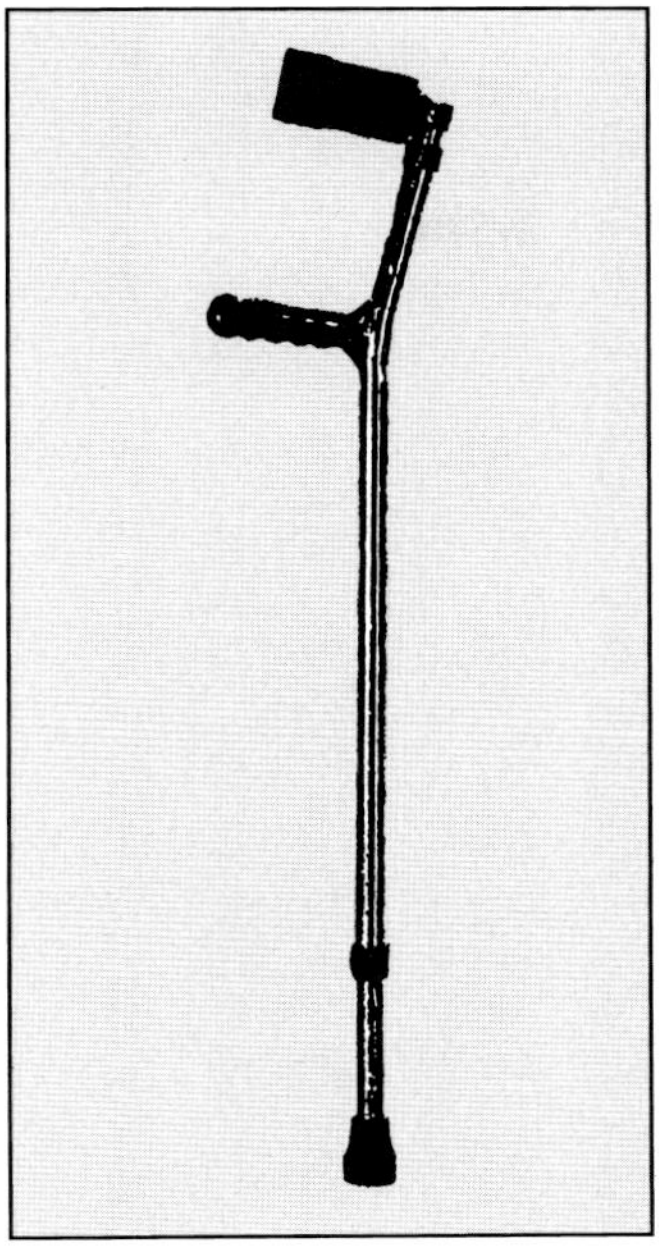

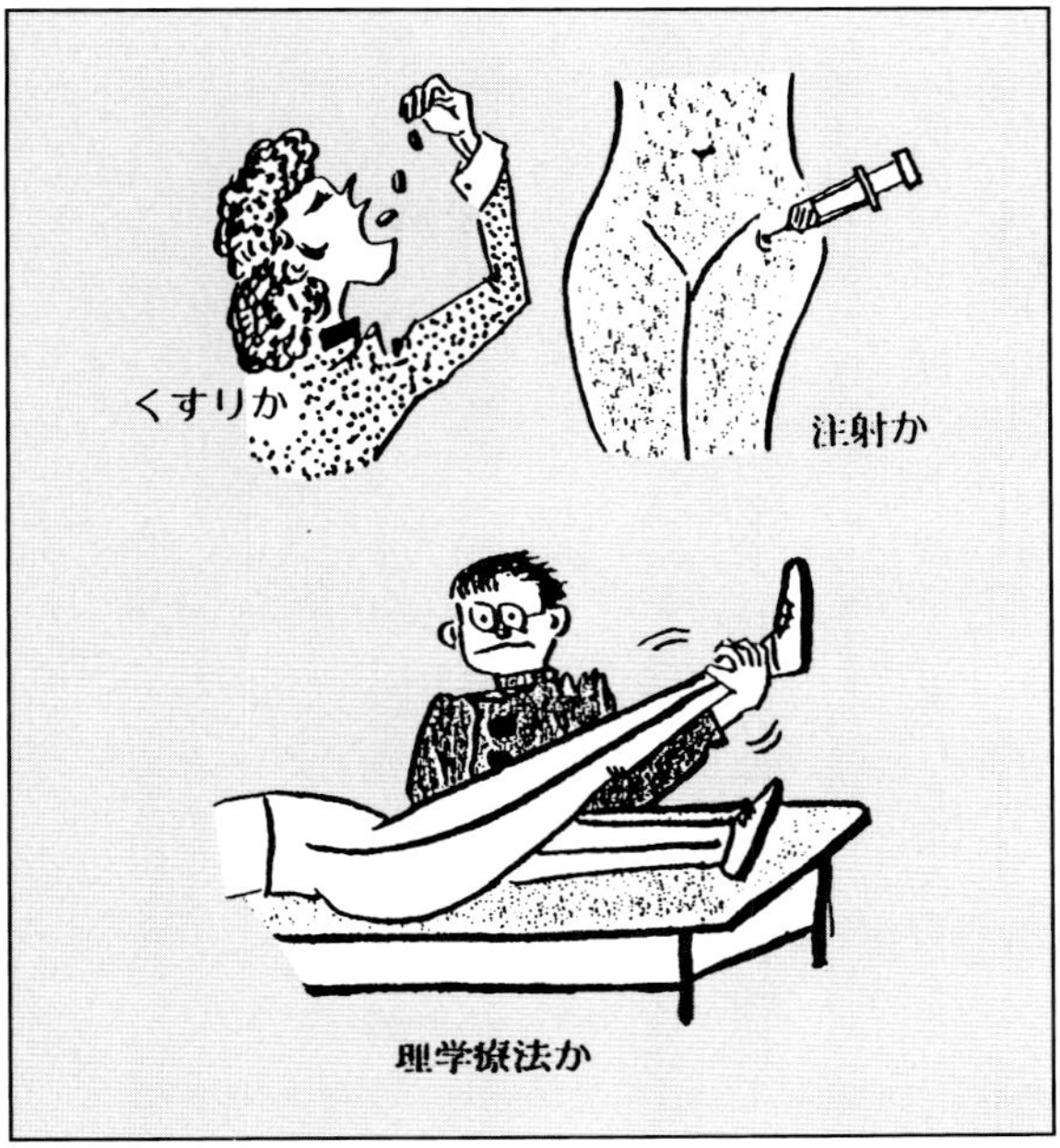

④末期関節症

そして、進行期関節症や末期関節症になると、破壊がすすんだ軟骨は殆ど形がなくなり、軟骨の下にある骨も一部破壊され、そこには液を含んだ袋（のう包）ができたり、骨梁も太くなって骨頭は著しく変形していきます。

●変形性関節症の軟骨破壊は、以上のように前関節症―初期―進行期―末期へと4段階に進行していきます。

●日本人に多く見られるこの病気の原因は、殆ど先天性股関節脱臼例か、臼蓋形成不全です。

●臼蓋形成不全とは、股関節の骨盤側つまり臼蓋の傾斜が急なため、大腿骨をしっかりと支えられない状態をいいます。

●年令別発生頻度では、他の慢性病と同じく、年齢の若い人ほど病気も軽く、患者数も少ないのですが、30歳代から50歳代にかけて患者数も激増し、症状も重い傾向を示します。

症状

●股関節の痛みです。最初は、運動や長距離の歩行で痛みを覚える程度ですが、病勢がすすむと、少し歩いただけで、痛みのために足を引きずったり、関節のいろいろな方向に対する運動障害などもみられるようになります。もっとひどくなると、安静にしていても痛みが起こるようになります。股関節部の痛み、動きが悪い、膝がだるいなどの症状が主な特長です。

治療法と杖の効用

●病気の進行が高度のときは、患肢を牽引しながら、安静を保つ方法、筋力の強化運動やホットパックで温める方法などの理学療法が用いられます。

●とくに、この病気の進行を食いとめる意味で重視されているのが杖の使用です。日本人は我慢強い国民で、杖の使用を嫌う傾向がありますが、杖の使用がどんなに体重の負担を軽減し、病気の進行を防止するか計り知れないといわれています。

手術以外の治療法

薬剤としては、非ステロイド性消炎鎮痛剤が用いられます。経口投与（内服）ばかりでなく、坐薬として肛門から挿入する方法や、外用として直接皮膚に塗る方法などがあります。

また、症状によっては、炎症の鎮静化をはかるため、ステロイド剤を股関節内に直接注入する局所関節内注入療法なども適用されます。

理学療法

病気の進行が高度の時は、患肢の牽引をしながら安静を保つのもよい方法であり、そのほか、筋力強化運動や温熱などの理学療法も用いられます。

「指導」山梨医科大学名誉教授　赤松功也先生

歩行を困難にする病気と杖の効用

変形性膝関節症と杖の効用

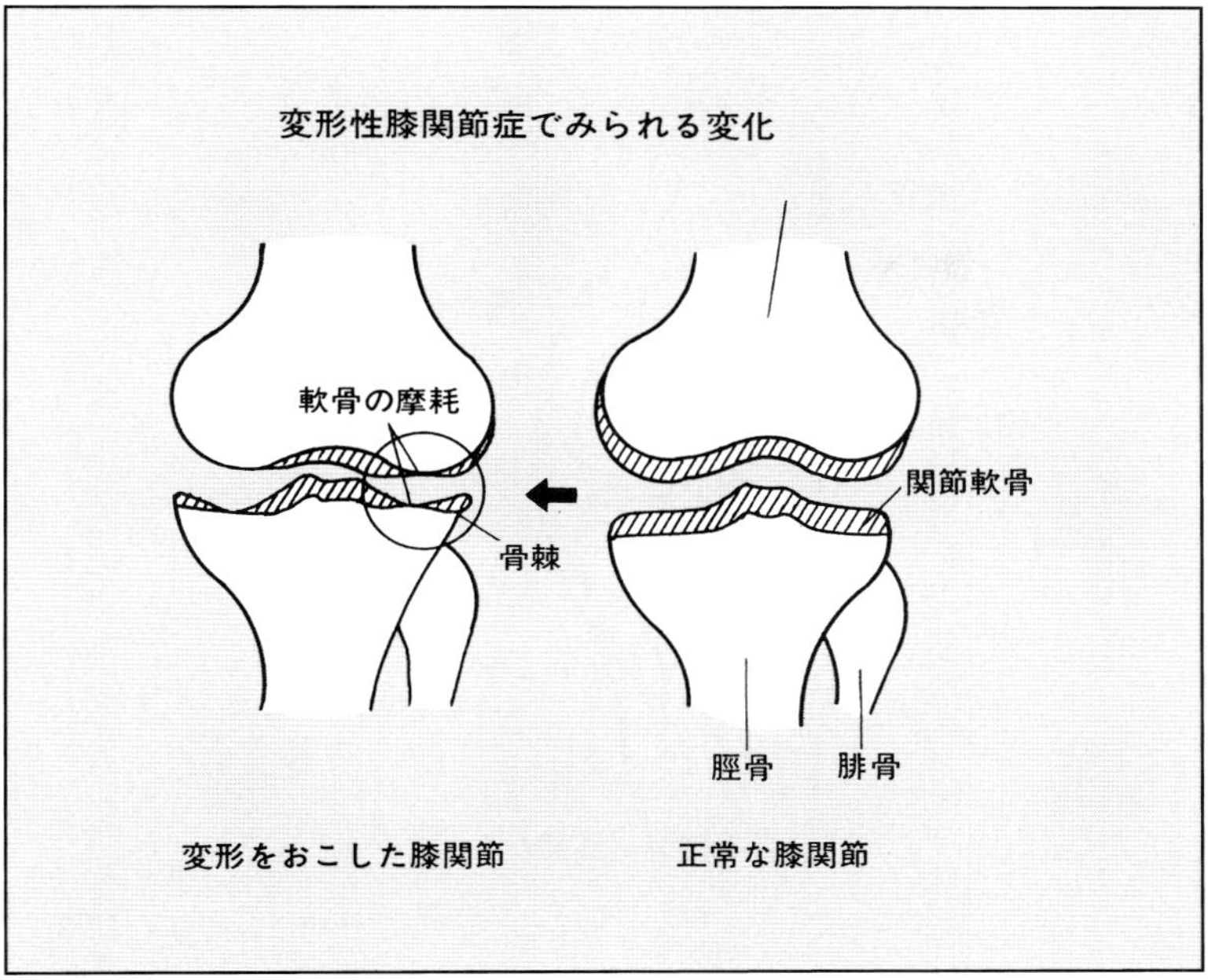

変形性膝関節症は、高齢者に多発する疾患で「お疲れ病ですよ」と慰めてくれるお医者さんもいます。

この病気は上図に示すように、膝の軟骨が擦り切れ、歩行痛や階段痛を起こすほか、炎症を起こして膝が赤味を帯びたり、おさら（膝蓋骨）の下に水が溜まる水腫を起こすことがあります。末期になると、膝がガニ股（O脚）に変形することもあります。

病気の進行は初期―中期―後期とはっきり分かれず、徐々に進行し、軽くなったり、悪くなったりして、発病日がわからない人が大部分です。

この病気になり易い人

肥満気味の女性に多く、年齢的には60～70歳で、年齢が上がるにつれて発症率も高くなります。男性では70歳代といわれ、女性より10年ほど遅れて発症します。

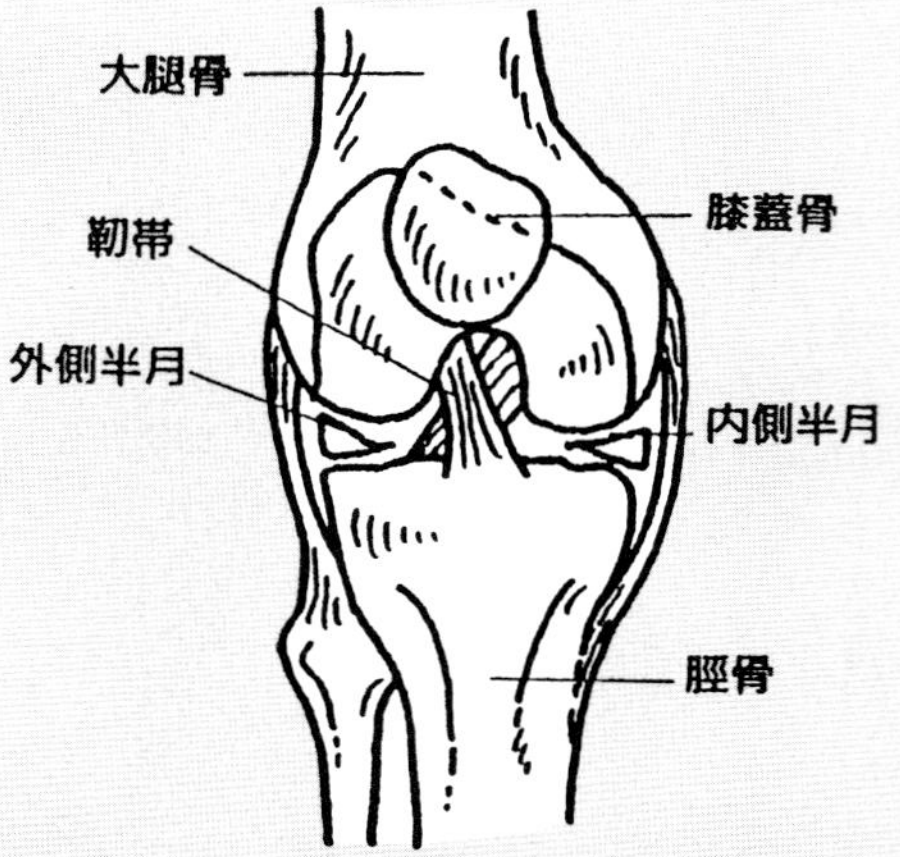

ひざの構造（正面から）

治療

専門医の診察は必ず受けましょう。この病気と決定したら、急性期は別として月に一度は経過報告に通院し、残りの大部分は在宅で療養する方針を立てて貰いましょう。

在宅の理学療法は、①膝を冷さないこと。（お風呂などで温めること）②温めたあと、大腿四頭筋運動（次頁）を根気よく続けること。この運動だけで、痛みのよくなる人はたくさんいます。

なお最近「アルツ」という関節内注入液が登場しています。また、東京女子医大教授の代田文彦先生は「もう大病院にはかからない」の自著で漢方薬の「防巳黄老白湯」が有効であったと報告しています。健保採用品ですので一度主治医に相談されるとよいでしょう。

杖の効用

多くの人は杖なんかカッコ悪くて…と嫌いますが、杖は体重の負担を上肢に分散させ、膝の悪い人には確

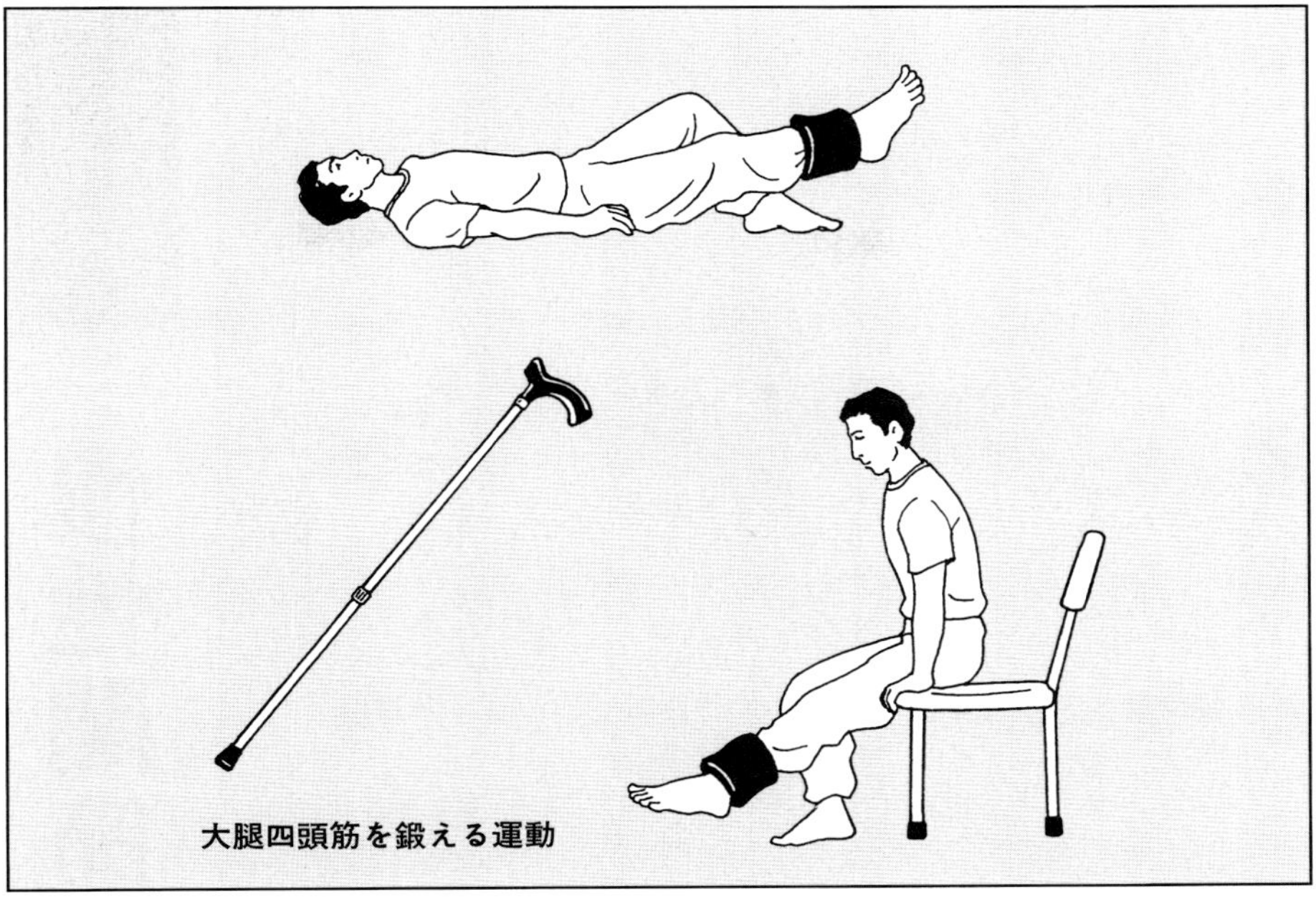

実に効果があります。

杖は手軽で、どこでも、歩行を補助してくれます。杖を上手に使えば、行動範囲を広げることができ、ちょっとした買い物やお役所への届出など、自分でできるようになります。一人でくよくよしないで、歩行補助具を上手に使い楽しい療養生活を送ったらどうでしょうか。

「参考文献」

黒沢尚著　ひざの痛みをとる本、講談社　一九九九　東京。

慢性関節リウマチと杖

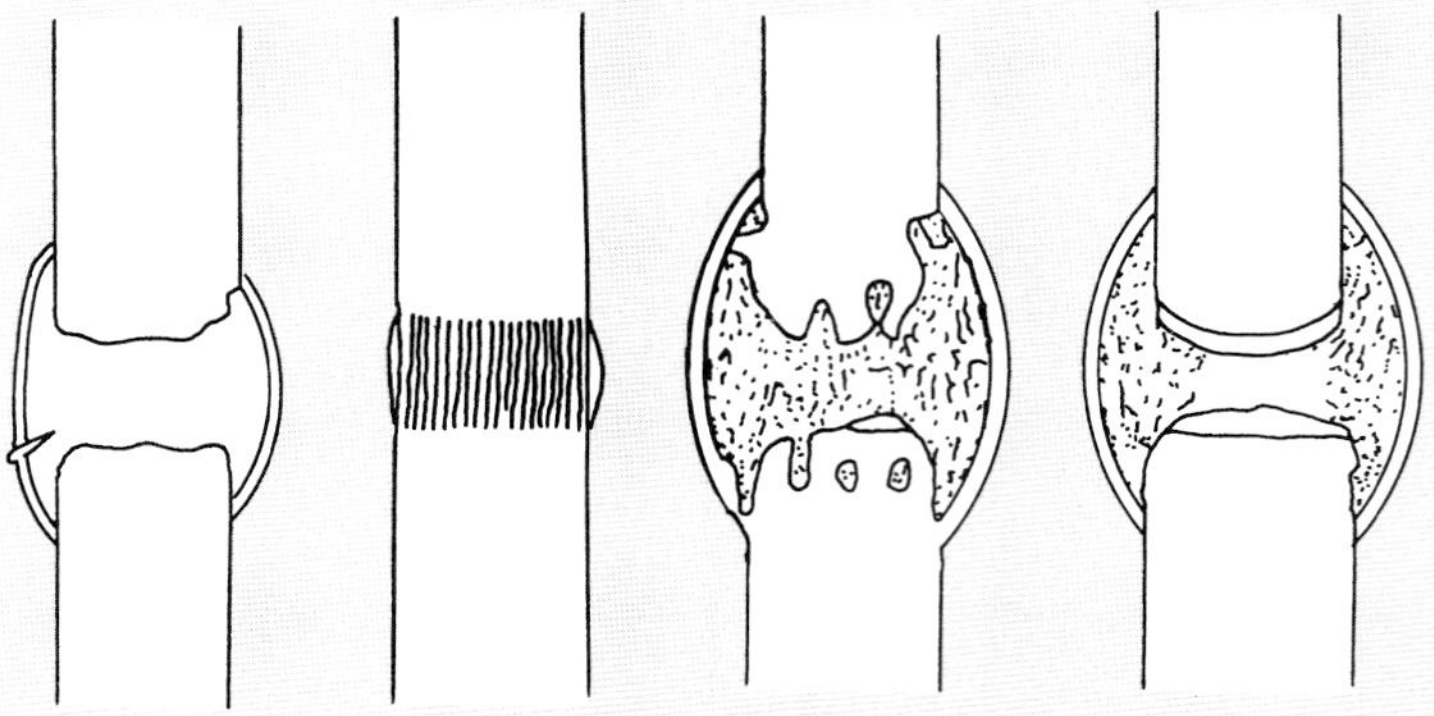

この病気は原因不明の炎症によって、からだ中のいろいろな関節が「はれ」て、言いようのない「痛み」を伴います。

なかには10〜15年と長い間この症状が続き、ついには関節が変形して、そのまま固まってしまうものや軽い状態のまま治ってしまうなど、さまざまな経過をたどります。とくに、この病気で最も切実な関節の破壊の経過を図示すると、上図のようです。

この病気は、急性期—慢性期—鎮静期と長い年月の経過をたどり、歩行を不自由にするだけでなく、手が使いにくくなることもあります。

治療法

くすりや注射が基本です。この病気は原因不明ですので、治療の目標はより良い状態にコントロールすることです。

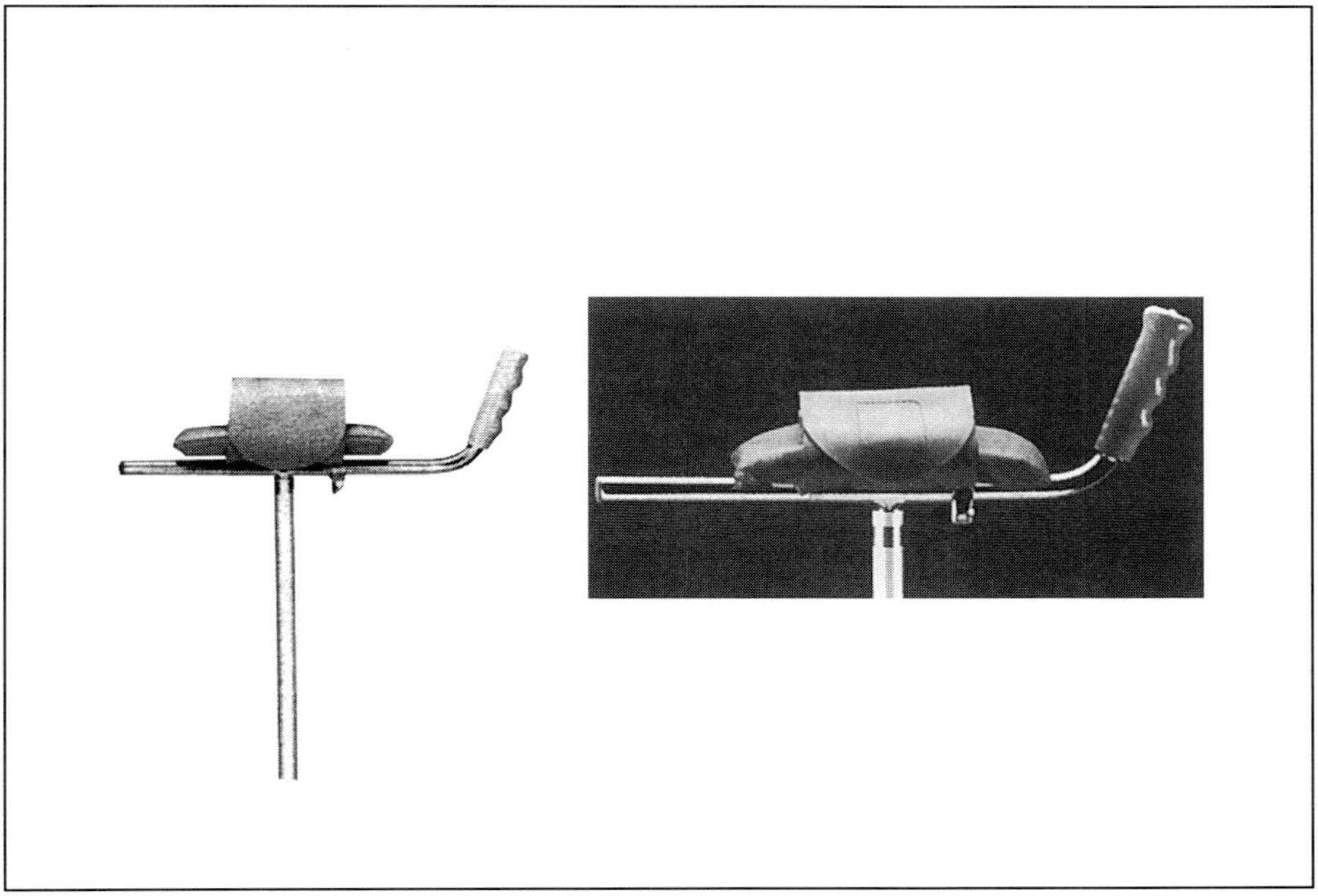

現状では、炎症を抑え、疼痛をやわらげる薬物でコントロールします。
抗リウマチ剤にはいろいろの種類がありますが、その中心となるくすりは免疫とか細胞の増殖に作用する疾患修飾性抗リウマチ剤（金製剤、ブシラミン、メソトレキセートなど）、ならびに、関節の炎症と痛みを抑える鎮痛消炎剤です。
このほか、関節リウマチの薬として欠かせないものにステロイド剤があります。ステロイド剤については、副作用が問題視されますが、専門医であればその効果や副作用について十分熟知しているので、その指示に従い適量を守ることが重要です。

手術療法

関節リウマチが、全身病であることは前述しましたが、手術療法の場合でも薬物療法は欠くことのできないものです。薬物療法の伴わない手術療法は片輪の車に等しいといわれるくらいです。

現在とくに行われる手術療法に、根治的多関節滑膜切除術があります。全身の炎症をおこしている関節滑膜すべてを外科的に取り除き、薬物療法の効果を最大限に引き出す治療法です。

その他、究極の手術として人工関節置換術がありますが、これらについては、適応の問題もあり、それぞれの主治医に相談される必要があります。

日常生活と杖の効用

この病気には、現代医学の治療のほかに、本人や家族の日常生活における心構えが重要です。

居住環境では、夏涼しく、冬暖かく、通風のよいこと、とくに湿気を除くことが重要です。

とくに、体が不自由だからといって孤独にならないことです。家族や隣人の輪に入って、ともに談笑し、笑いのある生活を心掛けましょう。

また、杖をついてでも、行動範囲を拡げて常に笑いのある療養生活を心掛けましょう。

その意味で、通院、買い物、交際など杖と歩行器の効用は大きいものがあります。俗にリウマチ杖といって、手指の変形などにより、手掌や手関節に体重を負荷することが困難な場合には、前腕受けがついた(プラットフォーム杖)が適応となります。ただ肩関節への負担があるため、実際には主治医と相談されるとよいでしょう。

また、第3章で述べる歩行器には、押して歩いて疲れたら腰掛けるものや、重い荷物を軽減するシルバーカーもあります。上手に利用して、行動範囲を広く、楽で安全な歩行方法を考えてください。

指導:日本医科大学リウマチ科教授　吉野槇一先生

歩行を困難にする病気と杖の効用

骨粗鬆症と圧迫骨折

●骨粗鬆症とは、骨のカルシウム分が減って、骨が消しズミのようにもろくなった状態を言います。原因の大部分は加齢現象のほかに、女性ホルモンが関係するので、とくに閉経期以後の老婦人に強くでます。

地方へ行くと、現代でも腰の曲がり切ったおばあさんをよく見掛けますが、その大部分はこの病気の方と考えてよいくらいです。（上図）

●骨がもろくなった結果、椎体の前の方が潰れて、ちょうどくさび型になったり、全体がペシャンコにつぶれたりするので、これらを圧迫骨折と呼びます。

●最近は、どこの病院でも、骨密度が簡単に測定できるようになっています。老後の骨の健康のためにも、一度測定しておくと、この病気の予防に役立ちます。

●骨粗鬆症になると、せぼねだけではなく全身の骨ももろくなり、ちょっと転んだだけでも大腿骨のつけ根の部分が折れたり、手をついた拍子に手首を骨折した

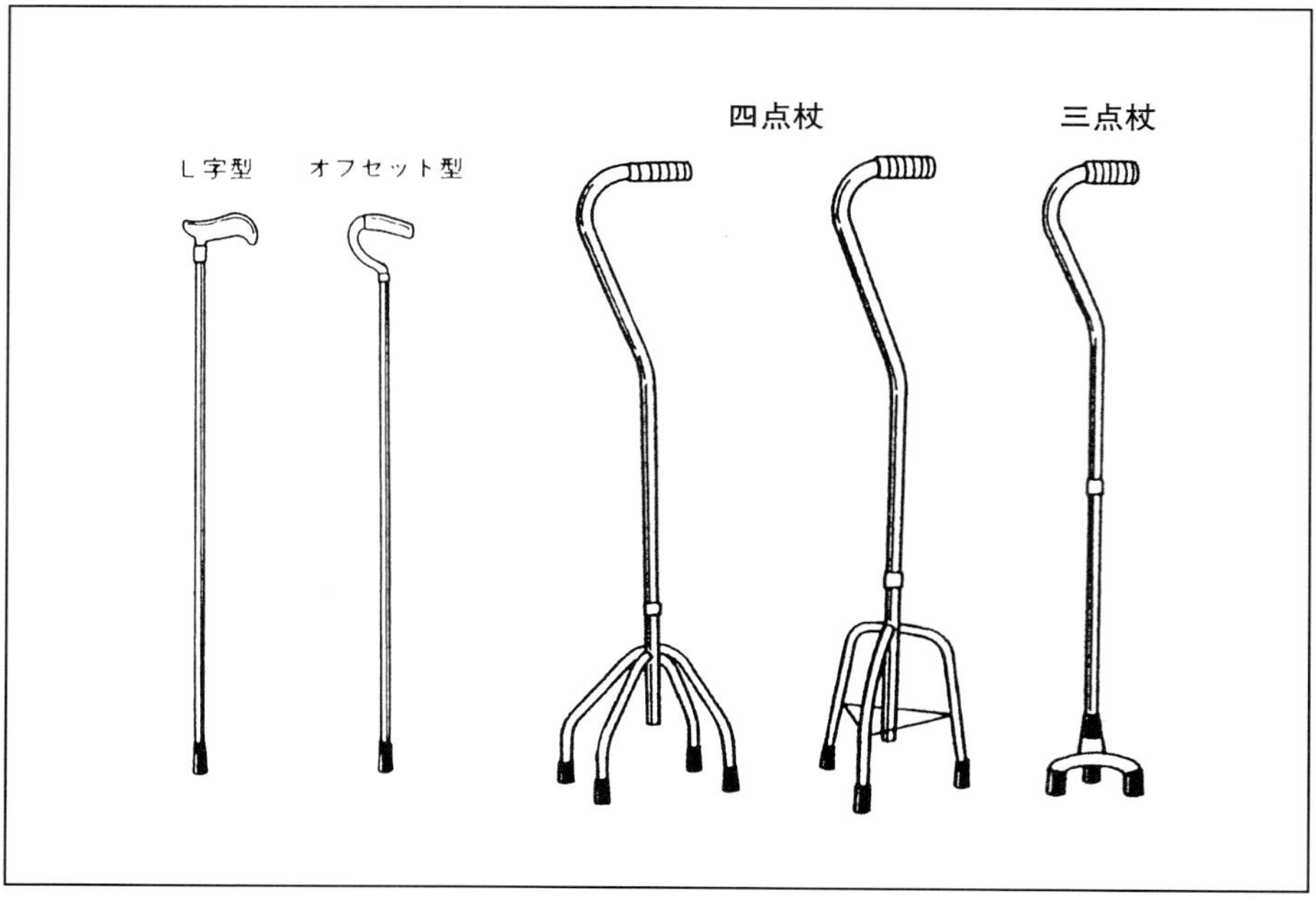

りしますので、十分気を付けなければなりません。

●骨折した場合の治療の基本は、安静と免荷です。痛みをひどくしないようにするためにも、現在以上につぶれないように進行を防止しなければなりません。そのためギプスやコルセットを装用します。

●なお、治療や予防するためのくすりとしては、ビタミンDやカルシウム剤、甲状腺ホルモン剤があります。

再発防止のためには、コルセットや背筋訓練も有効です。

杖・歩行器の効用

●日常生活では、栄養に注意し、とくにミルクやチーズなどによってカルシウムの摂取に心掛けることです。

ふだんの気くばりを通じて怪我をしないように気を付けましょう。とくに「せぼね」が弱っている人には肥満も大敵です。

年齢相応の頭の切り替えができず、怪我をする人は大勢います。こんな物ぐらい、こんなことぐらいといっ

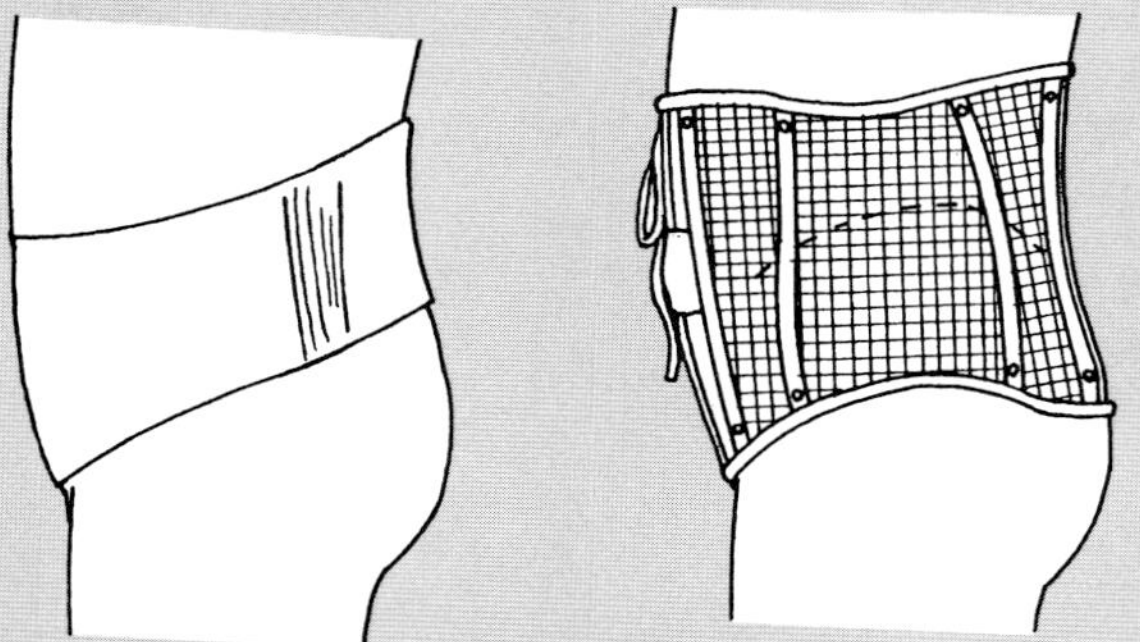

a）既製簡易コルセット（弾性腹帯）　b）ダーメンコルセット（筋金入り）

腰椎用固定装具

て、重い物を持ち上げたり、動かしたりすることが危険なのです。

●さて、この病気に対する杖と歩行器の効用ですが、それらの使用は、体のバランスを安定させることによって、痛くなった局所の負担を軽減して痛みを緩和する効果があるほか、「転ばぬ先の杖」による骨折予防効果も絶大です。

「転ばぬ先の健康保持」にはステッキや杖が手軽で、どこでも使えて便利です。リハビリや整形外科が専門ですので、相談されることをおすすめします。

なお歩行器には、安全に楽に歩くことを目的にしたものも多くあります。症状に合わせて活用してください。

指導／慶應義塾看護短期大学前学長　平林　洌先生

歩行を困難にする病気と杖の効用

膝の外傷と杖の効用

病院へ行くと、屈強な若者が松葉杖にすがり、痛々しく往来する姿をよく見掛けます。

ほとんどは病気ではなく、スポーツによる外傷が大部分です。そのスポーツ外傷で、最も多いのは半月板損傷です。

半月板のある膝は、人間の体重をのせ、動かすという重要な働きをしていますが、それを守る筋肉が発達していないと、激しいスポーツでは膝にケガすることが多いのです。

半月板というのは、次頁の図に示すように大腿骨と脛骨の間にあり、軟骨でできていますが、その役目は、膝に加わる体重などの圧力を関節面に均等に分散させるほか、クッション的な働きもしております。

半月板損傷は、特に内側に多く発生します。急な刺激で裂けることや、疲労骨折のように無理が重なって徐々にすり切れることもあります。

症状

断裂した半月板に痛みを覚えますが、膝を曲げたり、ねじる運動、階段の昇降などで痛みを強く感ずるのが一般的です。

また、一般的な痛み以外に、次のような特徴的症状があらわれます。

❶クリック（ひっかかり感）

ある程度まで膝を曲げると、きしみを感ずるのは健常の人でもありますが、半月板に損傷があると、そのまま力を入れるとクリック感がしたり、ひっかかった感じがします。

❷ロッキング（嵌とん症状）

切れた半月板の一部が関節の間にはさまり、膝の動きが制限されます。特に膝を伸ばすことが困難になりますが、これをロッキング現象と言います。

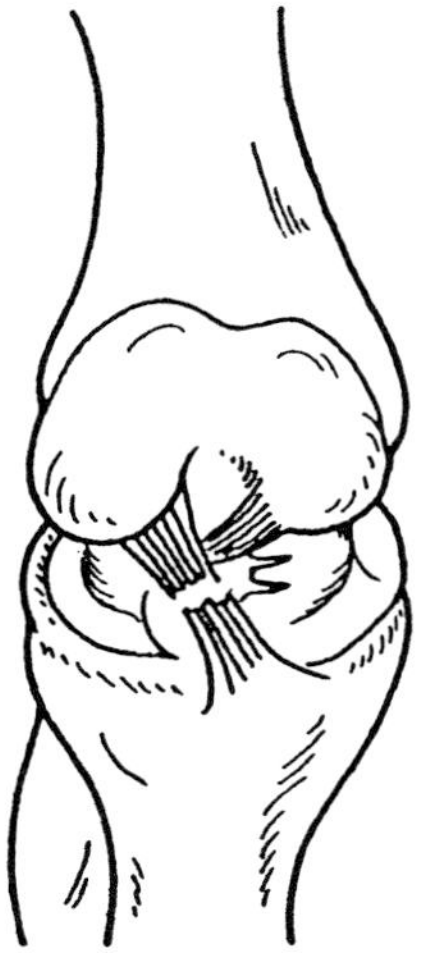

後十字靱帯の断裂

❸膝くずれ

急に膝の力が抜けて、ガクンとなる症状です。これらの症状の各々は、他の疾患でもでますが、この三つの症状が揃うことで、半月板断裂の確定診断がつくので重要です。

治療法

このほか、外傷の中には靱帯が伸びてしまった「ねんざ」がありますが、靱帯が完全に切れてしまうと外科手術の対象になります。

いずれも、比較的短期間ですが、松葉杖の出番です。松葉杖については先述しましたが、病院によっては、救急外来で貸出すところもあるようです。

「参考文献」
スポーツ傷害、高沢晴夫監修、西東社、一九九七年、東京

パーキンソン病と杖

歩行を困難にする病気と杖の効用

この病気は、中脳の黒質という部位が変性し、ドパミンという物質の分泌が不足するために、ふるえ（振せん）、無動症、筋肉のこわばり（筋硬直）といった運動障害が現われる病気です。原因は不明です。主に中年以後に発症しますが、人口10万人に対して50人の割合で発病するといわれています。

症状

多くの場合、手足のふるえではじまります。数年のうちに、もう一方の手や、口、舌、くちびるなどにもふるえが現われます。動いている時よりも、じっとしているときの方が目立ちます。

この間に、動作がにぶく、遅くなる無動症も現れてきて、歩きにくく、転び易い、とっさの身のこなしができないといった症状がおこってきます。

歩くときは、腰とヒザを曲げた前かがみの姿勢をとり、腕をふらずに、足を床にスルようになります。歩幅は小さく、ちょこちょこ小走りのようになり、つまづきやすくなります。

そのため、後ろから押されると、よろめいて止まることができず、物にあたるまで歩きつづけます。このため、パーキンソン病患者は、一人では外出不可能になり、介護を要するようになります。

また、筋硬直がおこってきて、声が小さくなる。顔の筋肉がこわばって無表情になる。細かな文字しか書けなくなって、字が下手になるといった症状も目立ってきます。

そのほか、頑固な便秘、立ちくらみ、ひどい発汗、むくみなど、自律神経障害の症状のほか、軽いうつ状態や痴呆などの精神障害も加わってきます。

これらの症状はゆるやかに進行しますが、周囲の人には、年のせい、と思い込まれる場合も多くあります。

パーキンソン病の生活の注意点

ボケないように精神訓練

手足がこわばらないようにマッサージを

転ばないように

食物は細かく切る

治療

治療の主体は、くすりとリハビリテーションです。

中でもリハビリは、理学療法士の指導のもとに、筋肉の伸展運動、柔軟体操、バランス体操などが定期的に行われますが、家庭でも膝を曲げると同時に、手を大きく振って歩く、四肢の関節を十分動かす、といった訓練を、朝夕、毎日続けることが重要です。

ただし、転びやすい病気のため、家庭環境も整備し、ケガをさせないように、みんなで気を付けて上げる必要があります。

〈パーキンソン病と杖・歩行器〉

外出は車椅子、歩行器などのほか、病状によっては杖が適用されます。介護法もスタートしましたが、このような歩行補助具を適材適所に使い、転ばない生活を心がけることが肝要です。なお本病は、難病の一つに指定され、医療費はすべて公費負担となっています。

くり返しになりますが、パーキンソン病のお年寄りに必要な第一の配慮は何といっても転ばないようにすることです。

その意味では「杖より歩行器の方がよい」という専門家も大勢いました。

歩行を困難にする病気と杖の効用

痛風と杖

私の知人に、痛風発作をくり返すために杖をはなせない人がいます。痛風は、欧米ではガウトと呼ばれています。ガウトは「しずく」という意味で、昔は毒液といわれたようです。毒液が一滴、一滴関節に溜まって激しい痛みを起こすと考えられていたそうです。

日本では、風にあたるような些細な刺激でも関節が痛むので、痛風と名付けられたといわれます。

ご承知のように、痛風は中高年の男性におこり易い病気で、普通では、足の親指のつけ根に、これといった前ぶれもなく、激しい痛みと炎症がおこります。

痛風発作の特徴は、急激におこり、遅くとも2週ぐらいの短期間内に治りますが、基礎にある高尿酸血症は続いていると、いつか、また、激しい痛みを伴って発作が起こってきます。そして、このような状態がさらに続くと、骨が変形して常に痛むようになります。しかも1カ所だけでなく、アキレス腱の付着部やあちこちの関節が痛むようになります。

また、このような状態になると、痛風の進行過程で、腎臓にも尿酸が沈着し、慢性腎不全へ移行する恐れもでてきます。

治療

基本的には、血液中の尿酸値をくすりによって正常値にまで下げることが重要です。また、この病気には肥満も大敵となりますから、食生活の注意や適度の運動も重要です。高カロリー、高蛋白質にかたよらない献立の工夫も大切な治療法の一つになります。

いずれにしても、痛風を管理していく上で重要なことは、痛風発作に連なる高尿酸血症の管理です。血液中の尿酸を常に適正に保つ必要があり、そのための検査も怠らないことが重要です。

通風発作（手指関節炎発作）

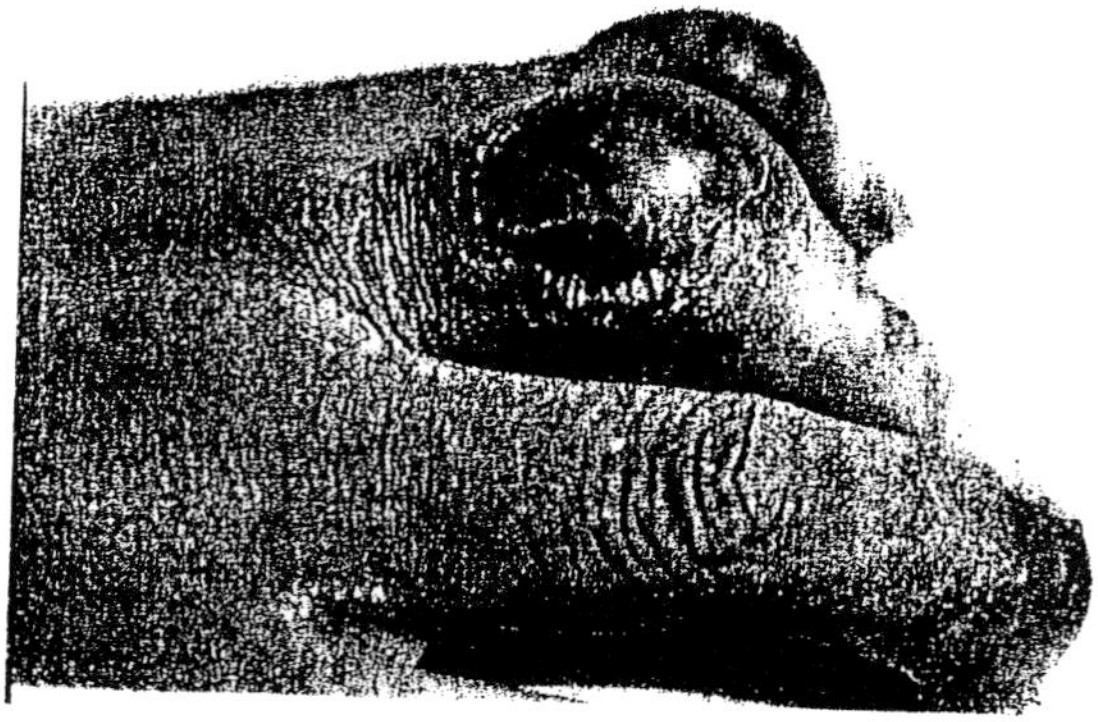

痛風と杖

痛風は、杖を使用したからといって治るものでもなく、軽快するものでもありません。しかし、少し軽くなった時点では、杖にすがれば何とかトイレには行けるようになるなど、すがるわらよりも杖ははるかにありがたいものです。慢性化して、こじれた痛風では痛みがいつまでも続いており、しかも一つだけの関節だけではなく、歩行のために常に杖が必需品という患者さんもいます。発作の前の護身用としても使っているのでしょう。

「参考文献」
赤塚家雄他／目で見る高尿酸血症／医療の門社／昭和五八年、東京

歩行を困難にする病気と杖の効用

自然の老化と歩行困難

正しい歩行姿勢の基本

- 正面を向いて
- 胸を張って
- 両肩を平行に保ち
- 大股でゆっくり歩こう

病気が原因する主なる歩行障害と歩行困難については既述しましたが、この項では病気と関係しない自然の老化による歩行困難について考えてみたいと思います。

人間の自然の老化は、誰にでも訪れる避けられない宿命の一つです。しかし、老化による歩行困難は、病気の場合と異なり、全く歩けないという性質のものではありません。

昔から、「老化は足から」といわれるように、老人特有の歩き方は、「背中を丸めて、首を前にだしてうつ向き加減にちょこちょこ歩く」姿勢なのです。

元来、人間の正しい歩行姿勢は、図に示すように、「正面を向いて…胸を張って…両肩を平行に保ち大股に歩く」姿です。

老人の歩き方も、これに従えばよいわけで、その歩行姿勢を保つための準備体操として日常生活での訓練

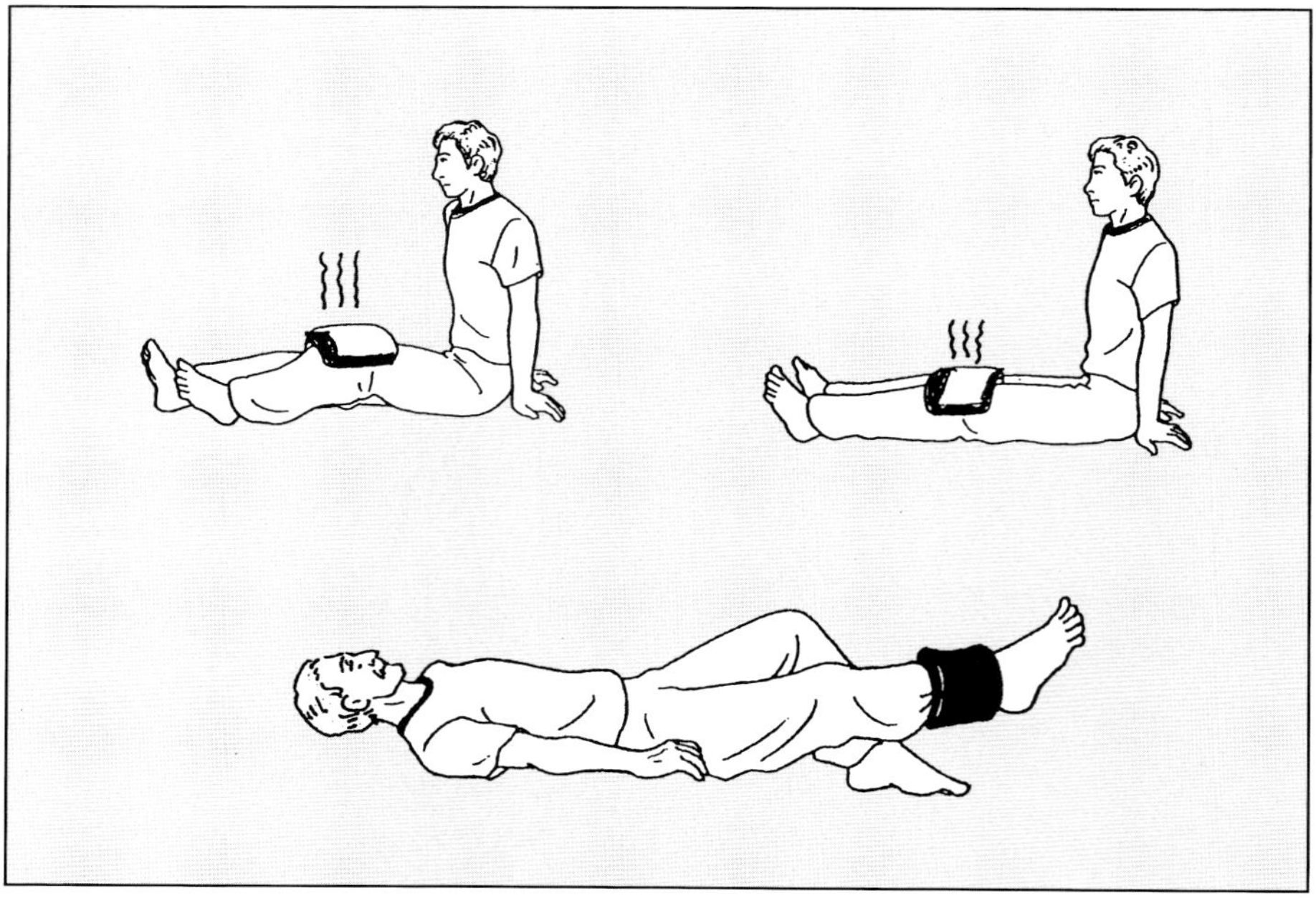

が必要になります。前頁上図に示しましたが、朝夕2回、各10分ぐらいずつ運動を兼ねて練習してみてください。

これにより、足や膝の関節の可動域は確保され、歩行に欠かせない膝の筋肉（大腿四頭筋）も強化され、足や膝や股関節の怪我の予防になり、一挙両得の効果が得られます。

ただ一人ではなかなか持続しません。施設介護者などでは同年代で同じ悩みを持つ人達を集めて、一緒に練習するようにすれば、楽しく、成果を得ることができるでしょう。

そして準備体操のあとは散歩です。ステッキを突いて、意識的に姿勢を正して、1日30分程度、近くの公園でも散歩されるとまさに鬼に金棒です。

英国のチャーチルや吉田茂元首相、岸信介元首相、大野伴睦先生など、かつての要人はみんなステッキをついて、身の安全を守り、要職を全うし、長寿を得ているのです。

品のあるご老人が、おしゃれなステッキをつき、大股でさっそうと歩く姿は気品があります。自信を持って歩かれれば、必ずやあなたの歩行スタイルも若者に負けないよいものになるでしょう。

第4章では歩行器についても詳述します。高齢になり、歩行に不安を感じたら、杖なり、歩行器なり、適材適所に上手に使い、転ばない歩行スタイルを守りましょう。

3

杖の文化と西洋事情

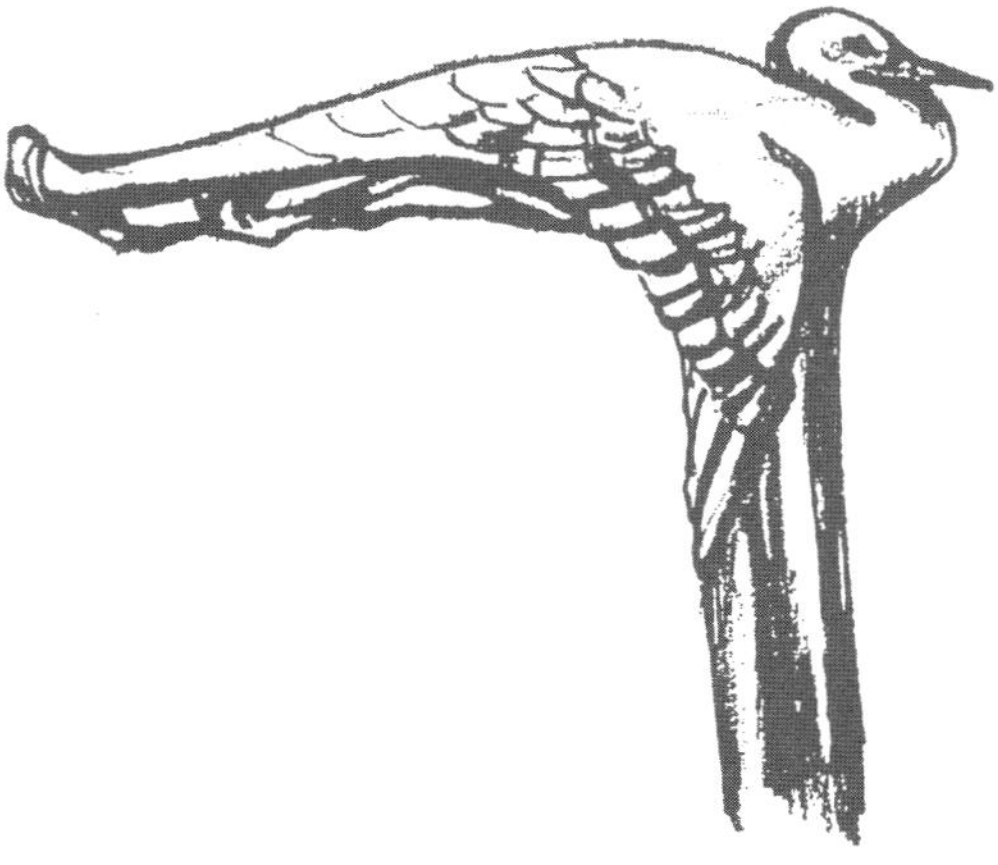

杖の文化

杖と人間のエピソード

犬が人類にとって最初の友だったとしたら、杖は人類の最初の道具だ。

人は犬について話題にし、またそれを主人公にした物語もあれば博物館にも飾ってもらえる。死んだら剝製にしてもらってまでも人々の注目を集める。なかには骨片だけしか残さないのがいるけれども、それから復元して貰った弥生時代の犬もいる（大阪府立弥生博物館）。

一方、最初の道具、最初のおもちゃ、杖には、それほどの場所は与えられてはいない。杖の事を調べようと思ったら、先達は知り得た範囲では二人、伊勢神宮の神官、矢野憲一氏（杖＝ものと人間の文化史）と、この方の先輩に当たる西島好夫氏（杖の読本）しか見あたらなかった。

そこで暗中模索しながら、杖とそれを持つ人にまつわるエピソードを紹介してみたい。

杖には、様々な個性がある。手にした人によってその杖の持つ意味は変わる。あるものはそこに不思議な力を生じ、あるものはとっさの護身用武器となり、ある者は歩行の補助やリハビリ治療用具になる。おしゃれな道具、外出時のアクセサリーにもなる。

ちょっと前までは、紳士は外出の時にはステッキを携帯したものだった。パリでも一九六〇年代くらいまで、ステッキを持って歩く人はよく見かけられたが、最近ではそんなおしゃれな紳士には出会わなくなった。もちろん、ロンドンやパリ、それに東京だって一歩郊外に出れば、ステッキが実際に必要な石ころ道があって、そのため、おしゃれなだけではなく実用性もかねていた。しかし、それだけで、ロンドンの町でステッキを携えて闊歩したわけではない。紳士達は雨模様の時は、こうもり傘をステッキの代用として持ち歩いたが、実際に雨が降ってきてもその傘をさすようではロンドン子として粋じゃない。

傘でさえも実用のためではない洒落ごころを満足させる持ち物だった。やせ我慢はおしゃれの基本。杖は老人や歩行の不自由な人だけのものではなく、かつてはこのように、おしゃれの道具としての意味合いの方が主流だった。

詩人のエズラ・パウンドは自分の姿形をやたらに気にする人だったが、それは自分を他者から区別し、選ばれた者としての自分を確立したいがためだった。彼がパリに現れたのはすでに六五歳の時だったが、洒落心は健在で、カルチェラタンを散策する姿はまるで舞台衣装を身にまとったような気取り方だったそうだ。もちろんいつも彼はステッキを手放さなかった。パウンドがステッキを持ったのは高齢になったからではない。何しろ一一七歳まで生きた怪物である。かれにとって六五歳は中年期にすぎなかった。

むろん歩行の補助具としての機能を有するわけだが、豊かで、複雑な感情を持った人間が使う物、そこにおしゃれ心が無ければ実用と言ってもそこに転がっている棒きれと同じことになる。本当に歩行の補助具としての杖が必要な人が医者にいくら勧められても使うことにためらいを感じてしまうのは、道具に対する作り手と使い手の間に対話がなく感覚にギャップがあったからだろう。

使い手からの需要にも、時代と共に生活様式や服装の変化に伴い、ステッキのT・P・Oも大きく変わってきていることから、ビジネス用、海外旅行用、パーティー用、散歩用、室内用、登山用、など季節やファッションに合わせたものが要求されている。二〇〇〇年春には、小さな手のひらサイズに折りたためて、軽く、カラフルでかつファッショナブルなステッキが誕生した。

そして現代では、何事もスピードが望まれるのでワンタッチの操作と廉価である事が重要な要素である。取り残されていた無骨な松葉杖にもやっと光が射した。婦人用に美しい花々をあしらったもの、紳士用に革のような豪華なものが誕生した。

杖の文化

杖は有用な道具

杖（ステッキ）は人類が初めて手にした道具だっただろう。

人類が歩行を始めると、自分のからだのバランスがいかにも不安定なことに気がつく。幸い、彼は自分の手が自由であることも同時に発見し、傍らにあった小枝を手にしたのだろうか。

初めて手にした道具は、手の延長だったのか、それとも不安定な立ち姿を補助するための第三の足だったのか?あるいはただ振り回すだけのおもちゃだったか?幼児。

初めはただ振り回した棒状にやがて周りにあるものを蹴散らしたり破壊することに､自分の手よりも楽で､効果を発揮するものであることを知る。成長するに従って、それが高い所になる木の実や手の届かない場所にあるものを採るための有用な道具であることに気がつく。無意識の道具は初めて客観的に観察すべき対象となる。

物神崇拝の文明が黎明期にあった時代、獲物を獲得したり、外敵との戦いに功のあった道具は、強い男が持っていたのだろう。フェティッシュな世界で、杖はその男と結びつけられ、男ともどもに彼が仲間内でしめる地位に応じて人々の尊敬を喚起するものになったのだと思う。

杖が原初持っていた意味についてわたしたちは「おそらくはじめから歩行補助具だったのだろう」とか、「棍棒が始まりだろう」とか思ってしまう。しかし、歴史はつい最近まで、杖が多様な意味合いを含んだ物であることを教えてくれる。

杖は地位の象徴であったり､武器であったり､おしゃれの道具だったり、特定のギルドの象徴だったり、宗教的な意味合いを含んでいた。

杖の文化

ステッキファッションの衰退

日本での杖といえば、記紀の国生み神話のイサナギ・イザナミの二柱が、こうろこうろとかきまぜた際使用した杖（矛?）や「古事記」（上巻）にあるイザナギ命が、阿波岐原で禊祓をする時に杖を捨てる下りなどが日本のこと始めとなろう。

ステッキの歴史は、あまり文献として残されていないが、海外では、遺跡の壁画や副葬品、絵画等々が雄弁に変遷を物語ってくれる。

三十年戦争のころの風俗を描いたイラストでは、軍人達が外出の時にはステッキを例外なく携帯していたことを教えてくれるものがあった。彼らはサーベルを腰にぶら下げていながら、なおかつステッキを手にしている。

この事実を知ると、どうも日本でステッキが流行しはじめたのは、明治の廃刀令以後武士達が刀の代用品としてステッキをもちだしたという説は怪しくなってくる。彼らにとってステッキはステッキであり、刀は刀だ。錫杖を持つ叡山の僧兵も帯剣しているし、西洋風ステッキを手にした第一号とされる欧米派遣団の一行（一八六三年）の写真を見ても、刀は差しており、じゃまである風には見えない。

元禄時代には若者の間で、まったく実用にならない余情杖と言う物が流行ったという。細身で華奢な杖をぶらぶらさせながら、吉原あたりを徘徊する若者が多かったようだ。これもまた刀の代用としての杖の根拠を疑わせるものだろう。

ステッキファッションが隆盛を極めたのは十八世紀の中頃だった。

おしゃれ道具の重要な一式だった。

だれもがそれを手にした頃、婦人用、紳士用、燕尾服用、子供用のステッキまであったというのだからステッキがどれだけ一般的だったかということがわかる。

こうして一般的になると、杖はその人の人となり（センスを含めて）を示し、また階級を認識させてくれる社会的な意味合いを帯び始める。ちょうど現在、乗る車で自分を表現するように…。

高級車に乗る人が平凡な給与生活者でないことはわたしたちの時代感覚で理解できる。これは同じ交通手段である馬車についても言えた。バルザックの小説を読むと、主人公達が自分がどんな馬車に乗れる身分であるかをしきりに気にする個所があるし、また相手を馬車のランクで理解しようとする風潮もよみとれる。これは乗り物がその人のステータスをメッセージにしてしまうアイテムだからだ。城門を下馬せずに通過できる身分だとか、駕籠からおりずに通過出来るとか、身分や特権によって交通手段は異なり、権力の中枢に近くなるに従って便利、豪華になる分、それだけ使用が厳しくコントロールされた。

鳩杖下賜が宮中で杖をつくことが許されるという制度であることにも留意して欲しい。徳川幕府も特別に功労のあった老臣に殿中での杖御免の制度をもった。すなわち、徒歩ではなく乗り物＝交通手段を利用してどこまで権威や権力の中枢までアクセス出来るかと言うことは家臣にとって自分の特権を確認する機能をもっており、それは誇りだった。また余人もそれを以てその人物を判断した。

十八世紀のこの時代、外出時のステッキの重要な役割は手に何かを持っているということ自体だった。

現在、手ぶらを埋めるアイテムがブリーフケースになったり、またバイクや自動車を利用するということで、ステッキは姿を消した。それは洋の東西を問わず現在ステッキがある風景は特別なケースに限られてしまう。医療用の杖、老人介護の杖、歩行の補助、散歩の時だけの携帯品、リゾートエリアでの装飾的な使用、登山やトレッキングの道具などである。

ヨーロッパで、大型のステッキ展が八十年代初頭に開催されたらしい。日本よりはステッキが最近まで使用されていたためか、ちょっと前の「昔」に人々はノスタルジーを感じたと当時の新聞にはあった。

杖の文化

仕込杖のいろいろ

仕込み杖。ハンドルは犬の頭、鳥、トカゲ、カンガルーの足、球状のもの（バイロンが愛用した）、コンパスやサイコロ、ライターを仕込んだものや馬の身長をはかる物差し、こうもり傘、銃、お酒の瓶（ロートレックが好んだ）等々、望遠鏡、ナイフ、ゲーム、地図、メガネ、薬ｅｔｃよくもまあこれだけのものを製作者達が造ったものだ。ファッション史の中で継子扱いを受けていたステッキも（多くの本がその他の装飾品と言う分類に入れてしまう）一同に会せば壮観である。再び、こういう企画を日本国内で行いたいと考えている。当ステッキ専門店「チャップリン」にもかなりの珍しいものや仕込み杖がある。その一部を図示しておこう。

目で見る西洋の杖

写真はステッキのチャップリン提供

はじめに

海外の杖（ステッキ）は、日本ではあまり見ることはできません。多少色違いのカタログでも、家庭にいながら気楽に見えればそれに過ぎる喜びはないと思います。その意味を含めて、今回はフランスの古い一流メーカーの実用カタログを日本の総代理店チャップリン03(5454)1431の了解を得て海外事情の柱として呈示します。

杖の世界的な一流品といえばアマゾン産のスネークウッドです。木製の微妙な模様に価値があるといわれますが、モノクロ印刷ではその微妙さがでず、136頁に配しました。

それなりの木製模様の奥ゆかしさ、固さを想像してステッキの王者をゆっくり見ていただきたいものです。高価なモノになると100万円以上の杖もあります。

そのほか、日本には見られない変化の富んだデザインや優雅な曲線美には、長い歴史が感じられます。

杖の製作は職人芸といわれますが、その加工風景も窺い知れるカタログです。

金•銀の素材の杖、握りやすそうなグリップの工夫、小動物の折なす可愛いい杖など、茶目気とおしゃれな国民性や文化の違いも分かります。古くからの、技法やデザインも脈々と受け継がれ今日に至っており、優れたモノは時間や空間を乗り越えて残っていくものと思われます。

それにしても、これだけ高価な杖が、全世界にPRされているとすれば世界の車社会の進展説による杖・ステッキの衰退説はそのまま信じてよいのか疑問に思えてきます。1950年デンマークで生まれた「ノーマライゼーション」つまり高齢者や視覚障害、聴覚障害、肢体不自由といったハンディキャップを負った人々も、健常者も共に家庭や地域で普通の生活を送れる社会をめざすという理念ですが、ここにきて浸透しつつあり、皆、胸をはって、杖を使用する日も近い事と思います。

目で見る西洋の杖

1

116 ～ 117

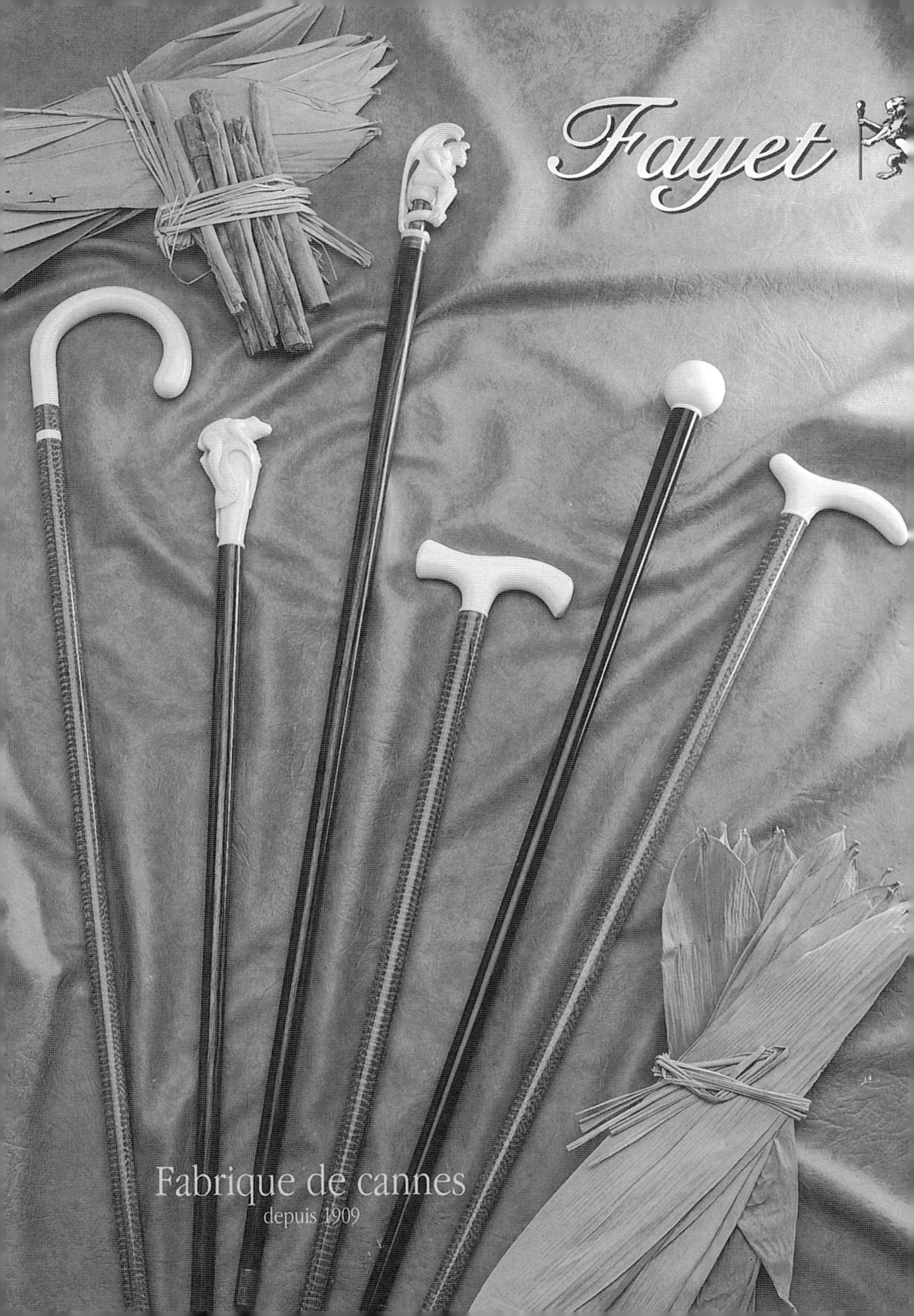
Fayet
Fabrique de cannes
depuis 1909

目で見る西洋の杖

2

118 ~ 119

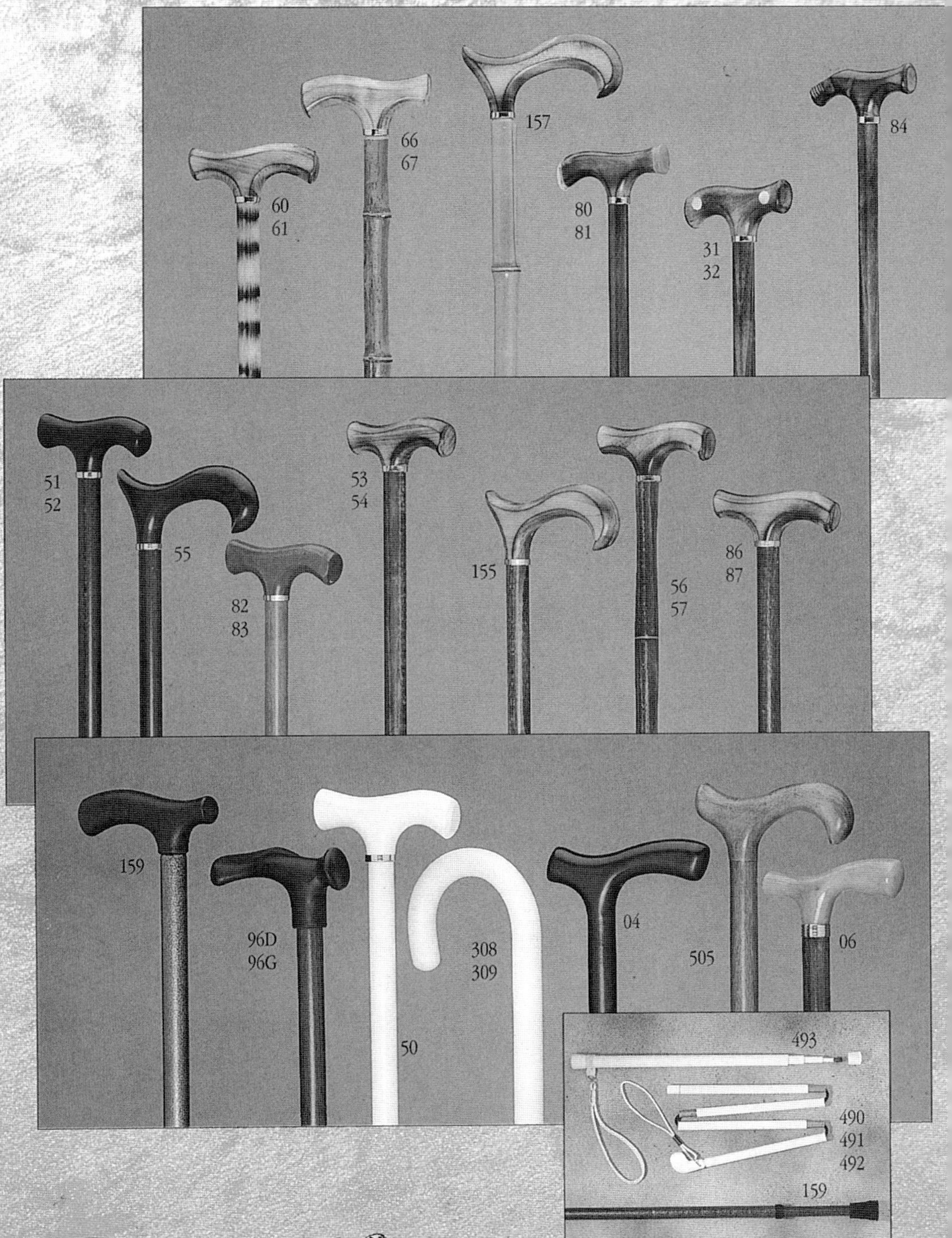
60 61
66 67
157
80 81
31 32
84
51 52
55
82 83
53 54
155
56 57
86 87
159
96D 96G
50
308 309
04
505
06
493
490 491 492
159

Fayet

目で見る西洋の杖

3

120 ~ 121

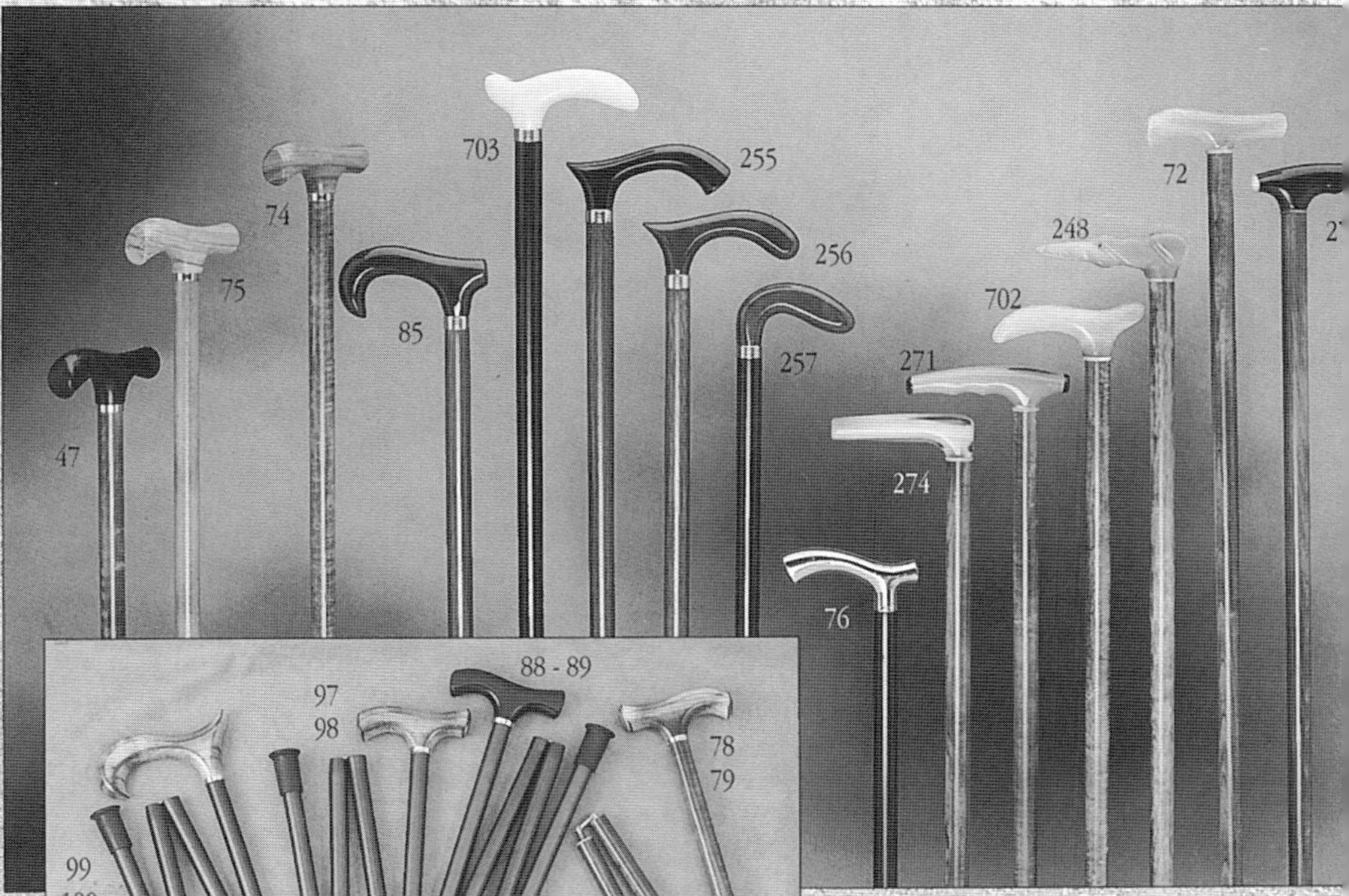
703
255
74
75
85
256
47
257
271
274
76
702
248
72

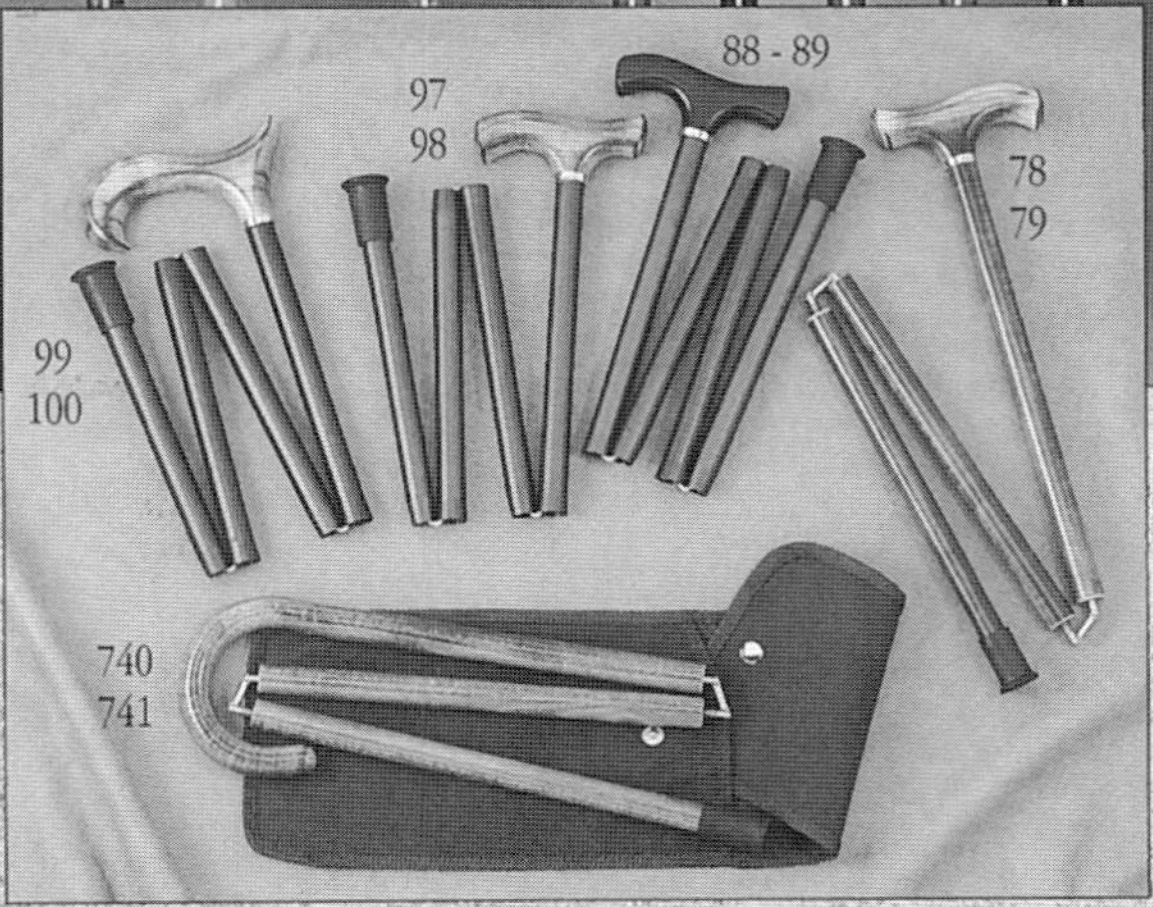
88 - 89
97
98
78
79
99
100
740
741

目で見る西洋の杖

4

122 ~ 123

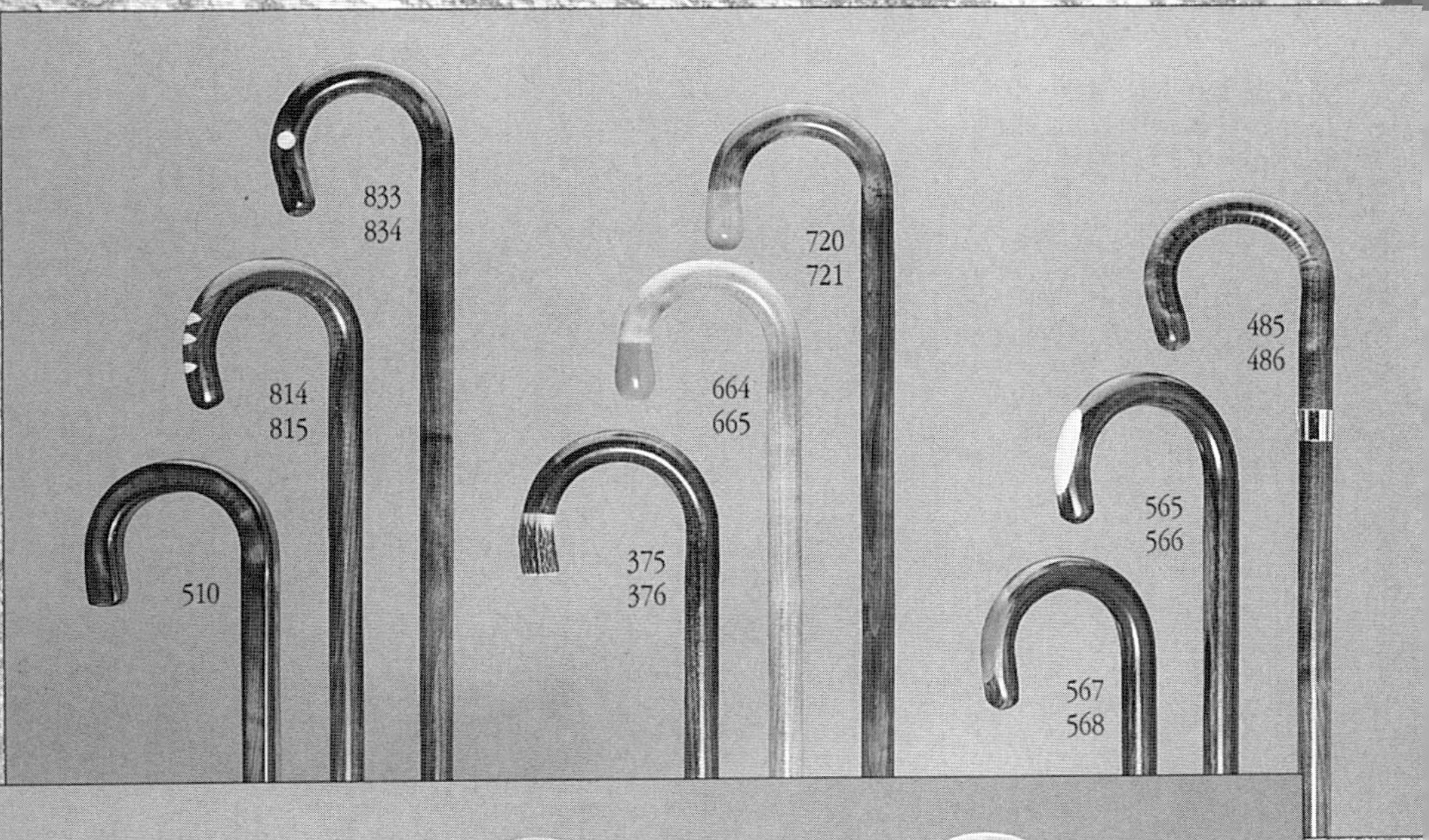
833
834
720
721
814
815
664
665
485
486
565
566
510
375
376
567
568

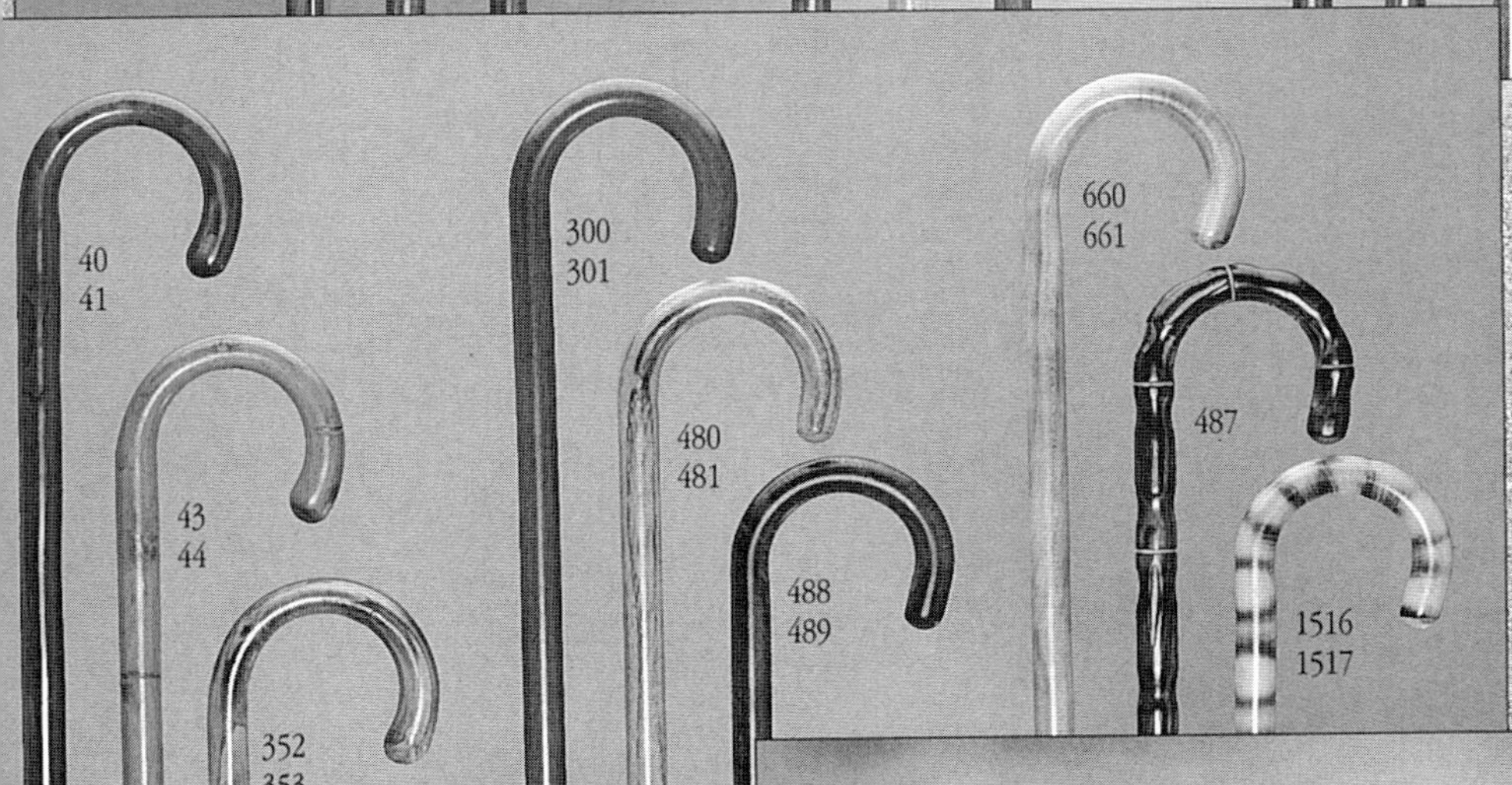
40
41
300
301
660
661
487
43
44
480
481
488
489
1516
1517
352
353

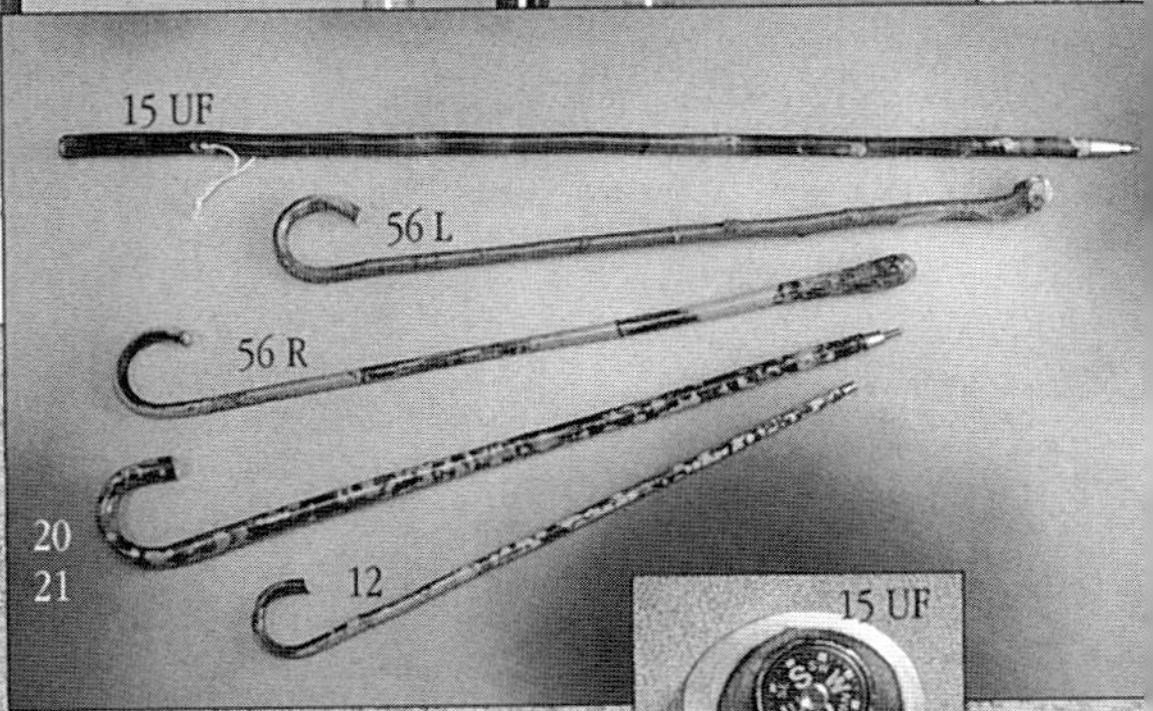
15 UF
56 L
56 R
20
21
12
15 UF

Fayet

目で見る西洋の杖 5

124 ~ 125

821
810
291
818
292
293
294
280
282
288
284
203
200
201
202

目で見る西洋の杖

6

126 〜 127

Systèmes de Collection

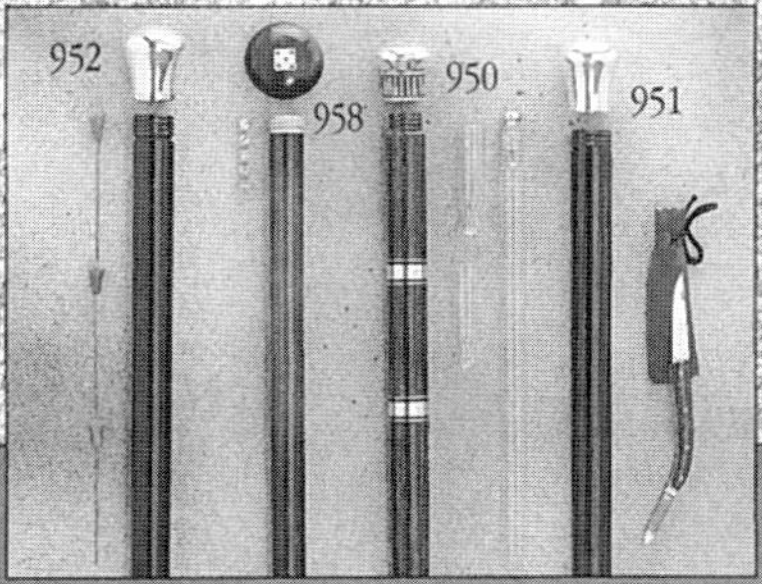

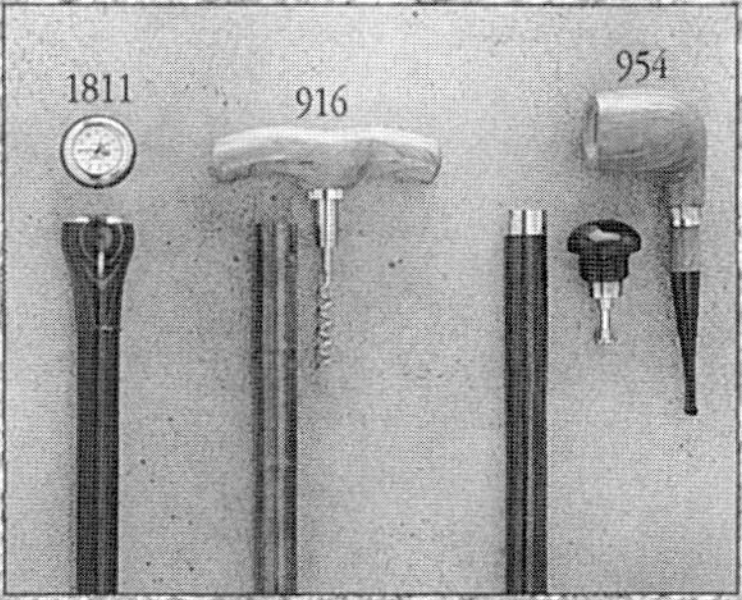

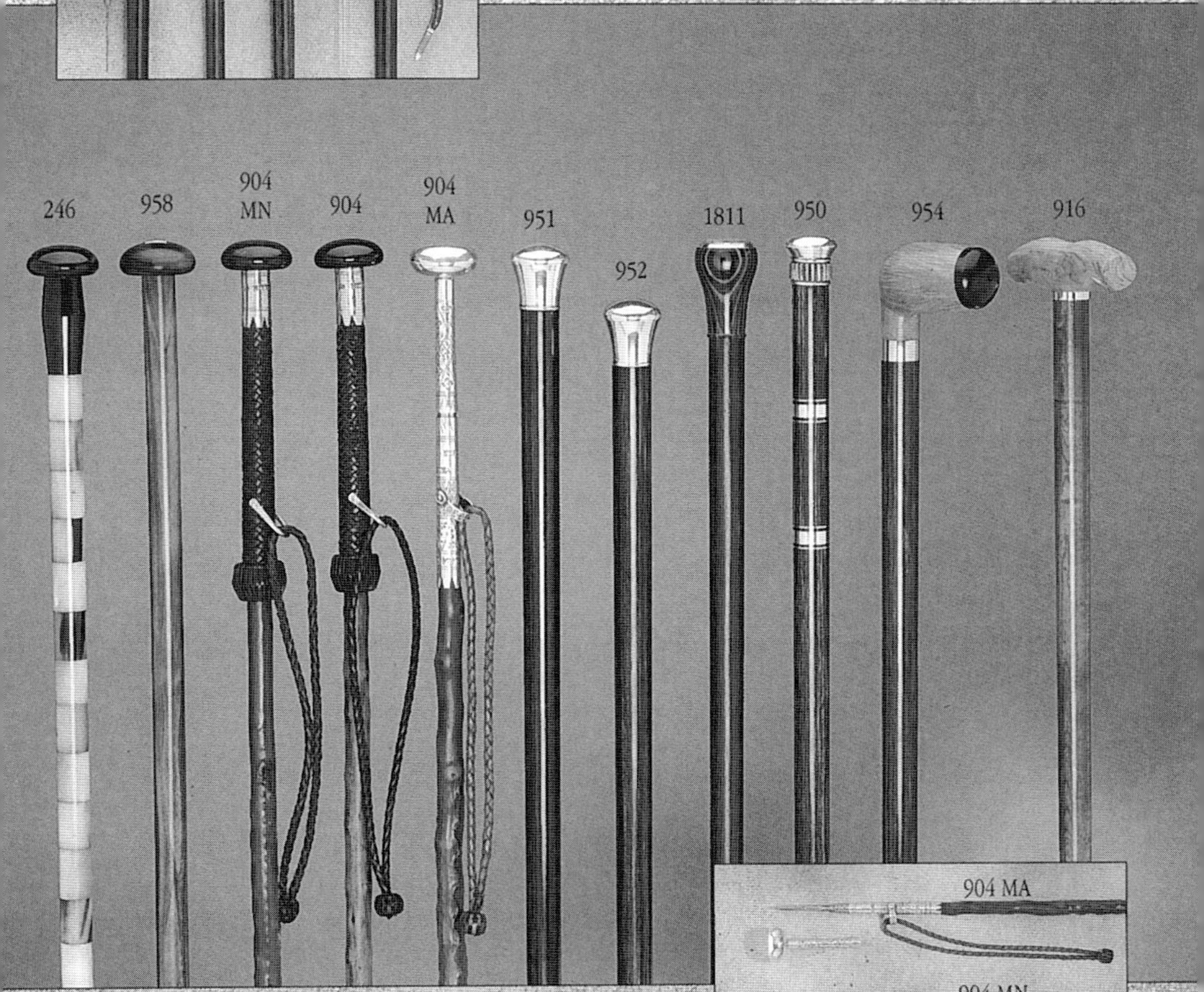

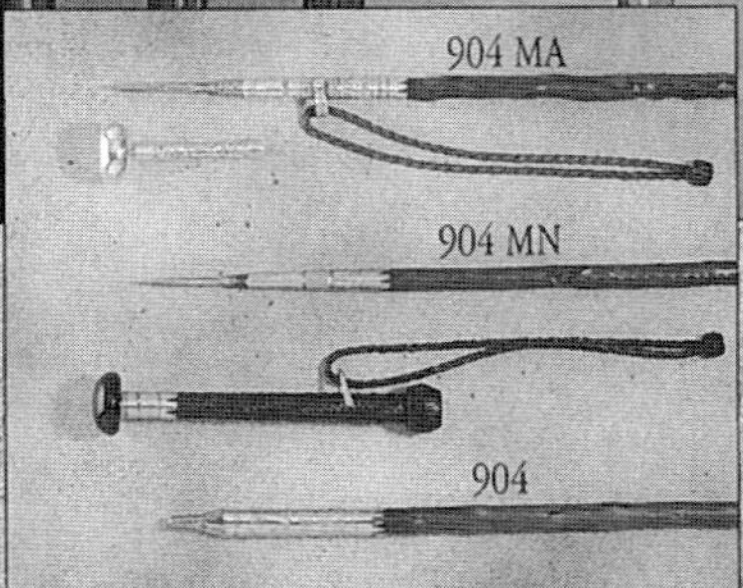

目で見る西洋の杖

7

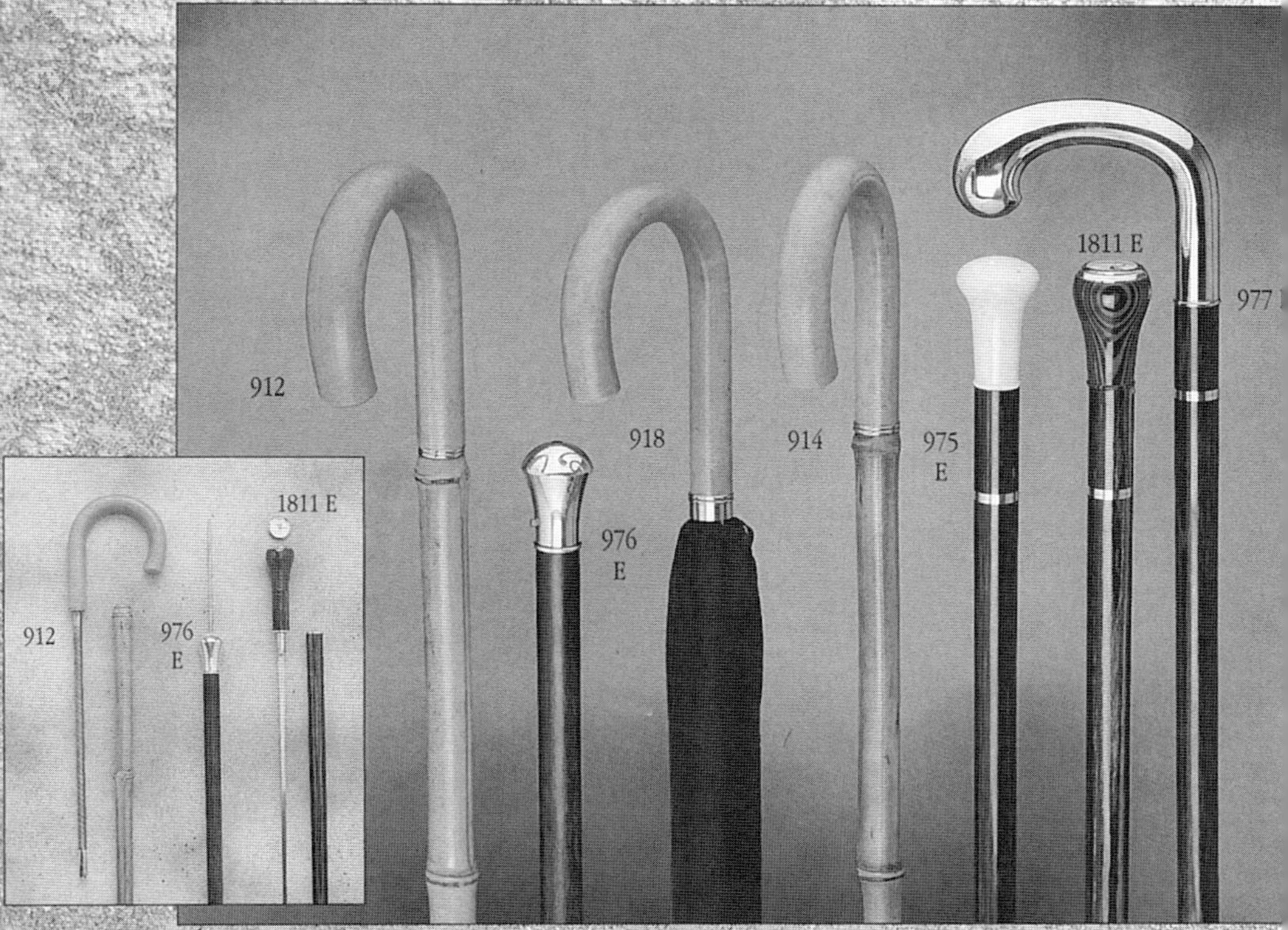
912
918
914
975
E
1811 E
977
976
E
912
976
E
1811 E

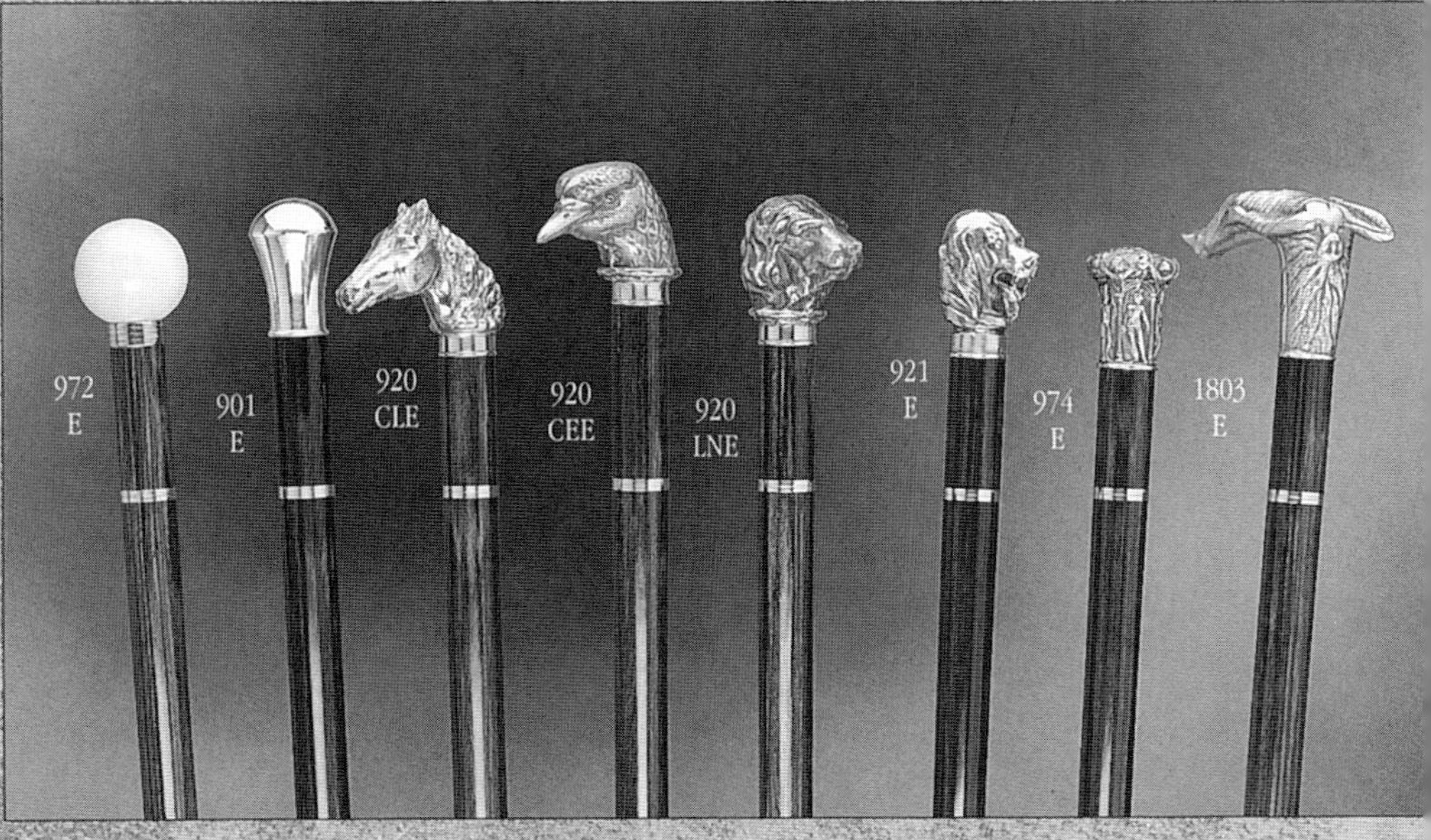
972
E
901
E
920
CLE
920
CEE
920
LNE
921
E
974
E
1803
E

目で見る西洋の杖

8

130 ~ 131

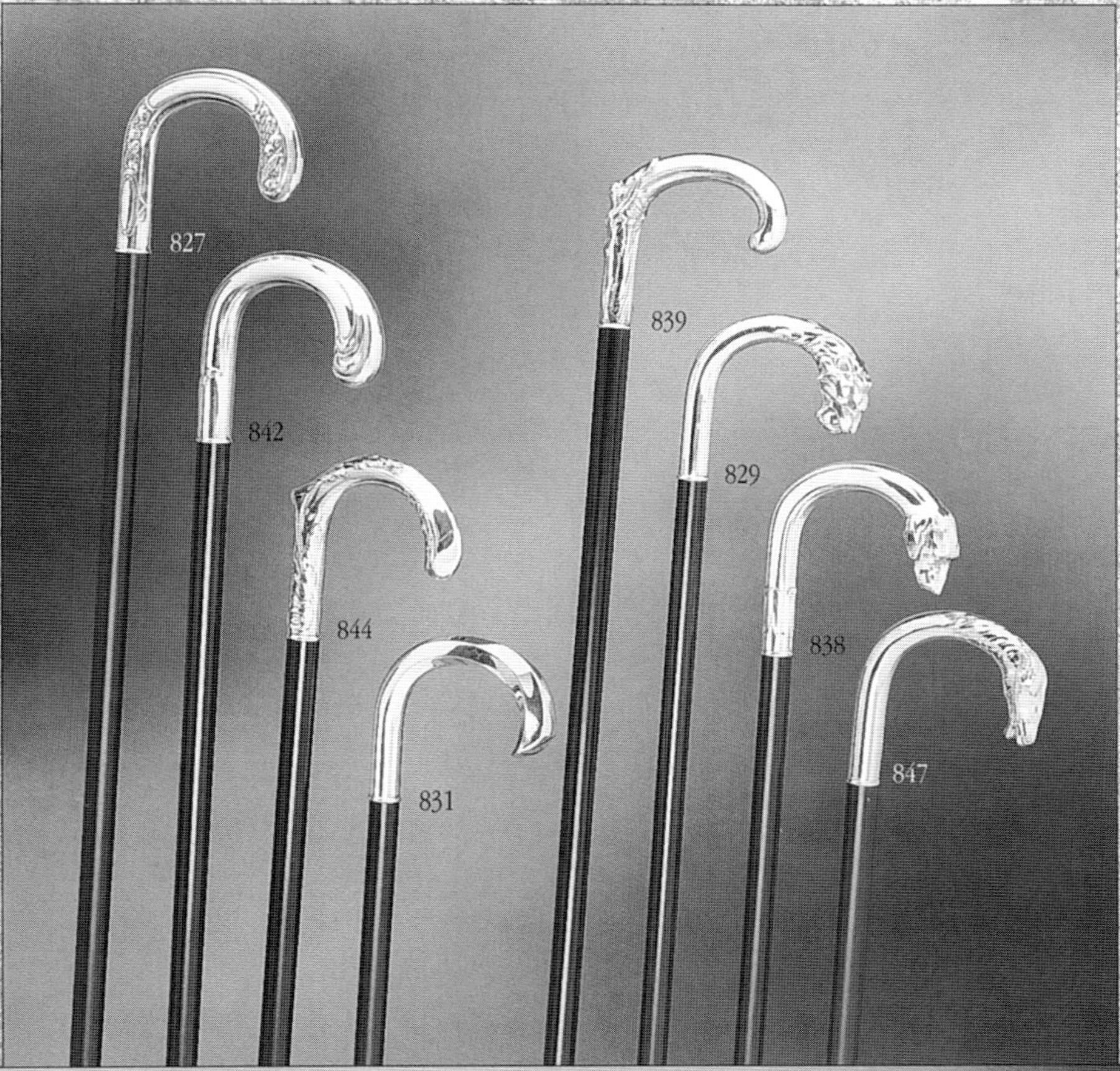

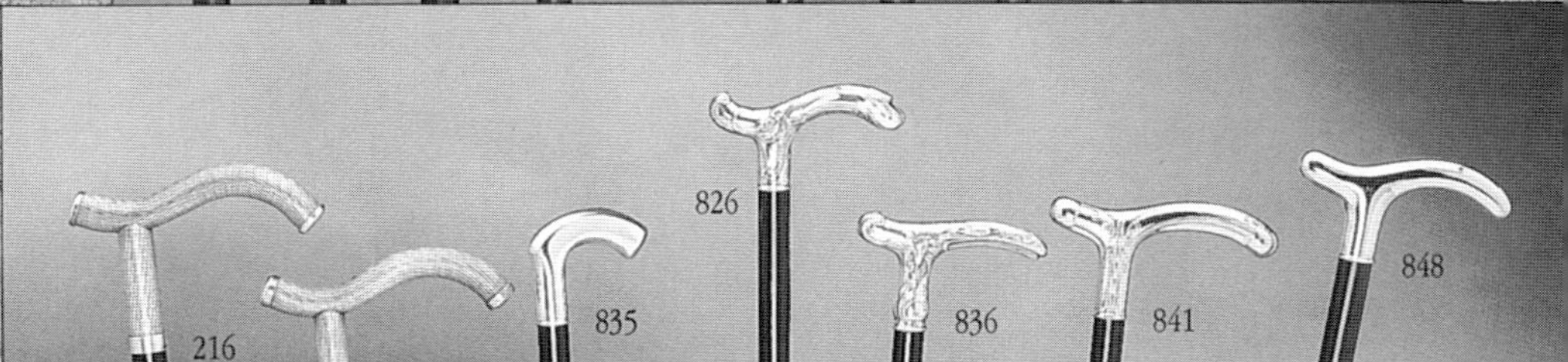

Fayet

目で見る西洋の杖

9

132 ~ 133

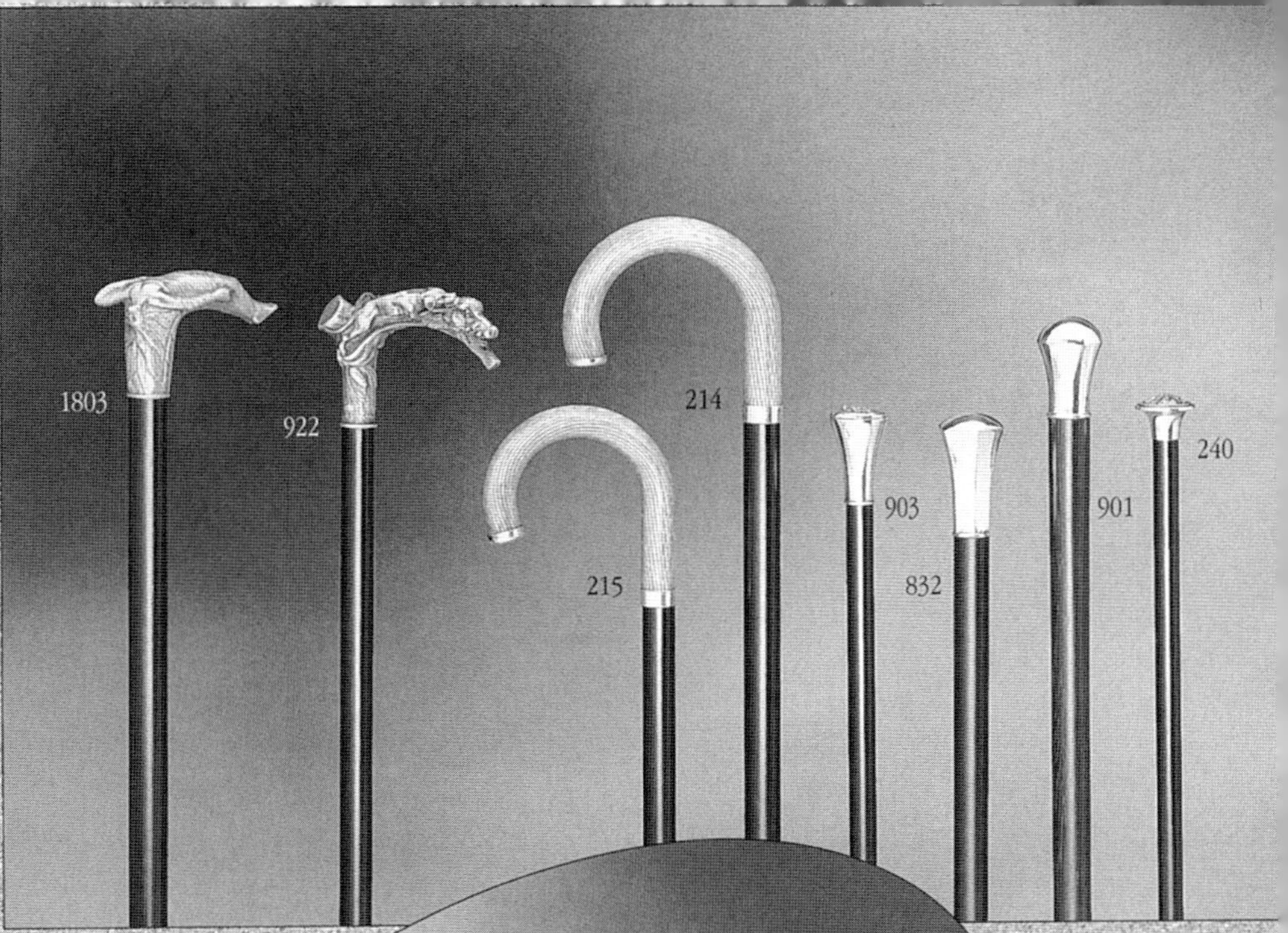
1803
922
214
215
903
832
901
240

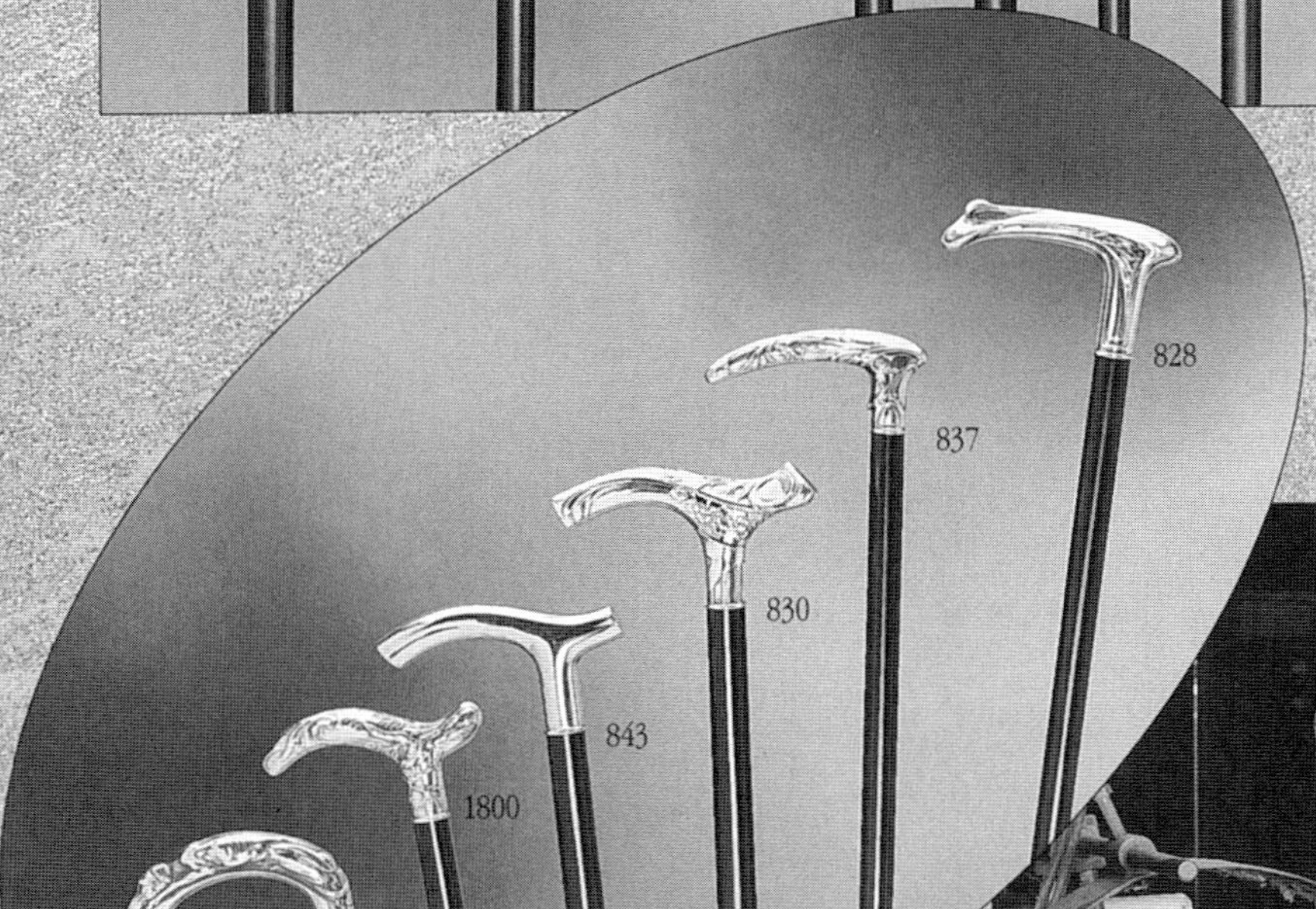
828
837
830
843
1800
1801

目で見る西洋の杖

10

134 ~ 135

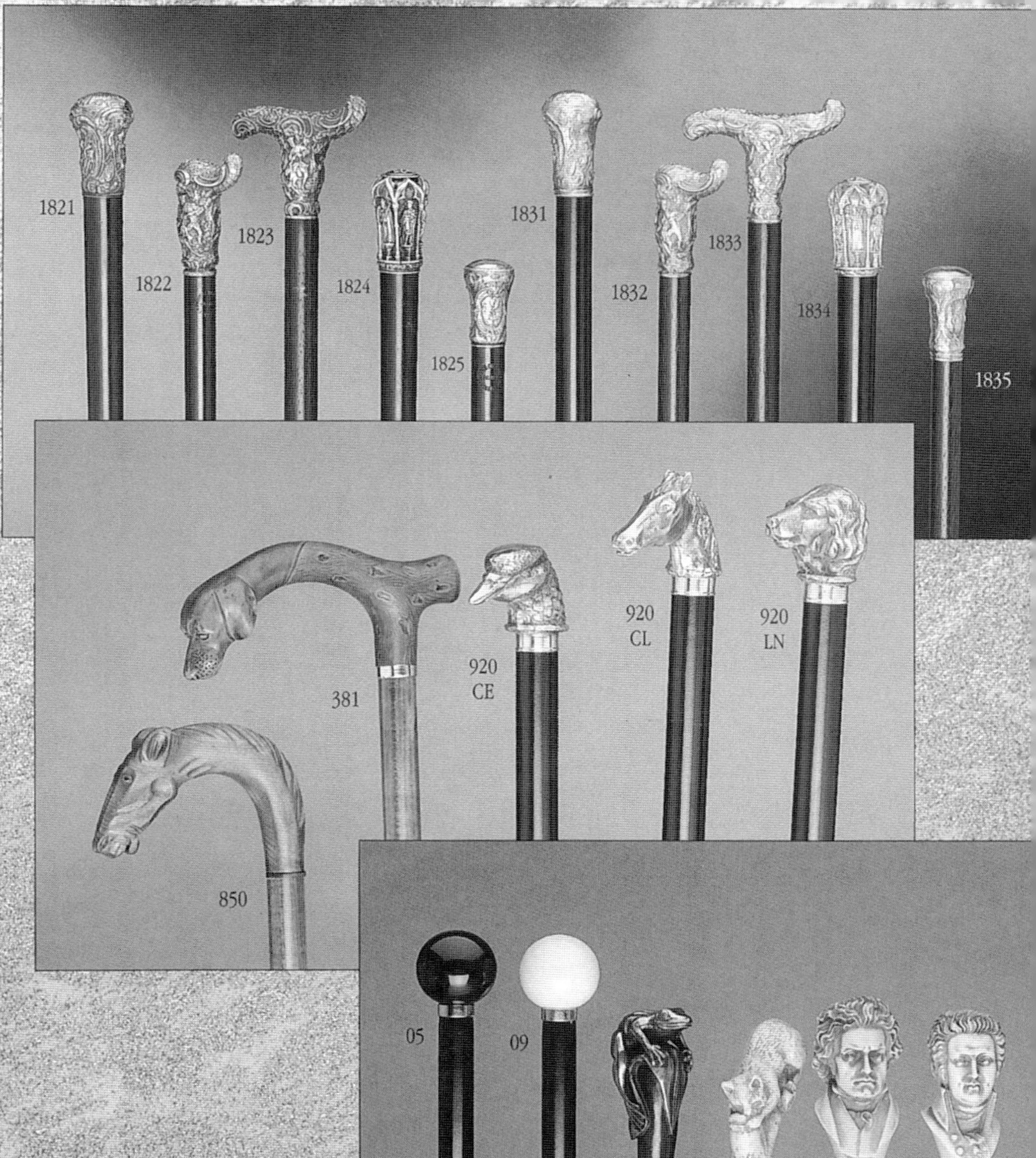
1821
1822
1823
1824
1825
1831
1832
1833
1834
1835
920 CE
920 CL
920 LN
381
850
05
09
863
862
380 BN
380 MT

Fayet

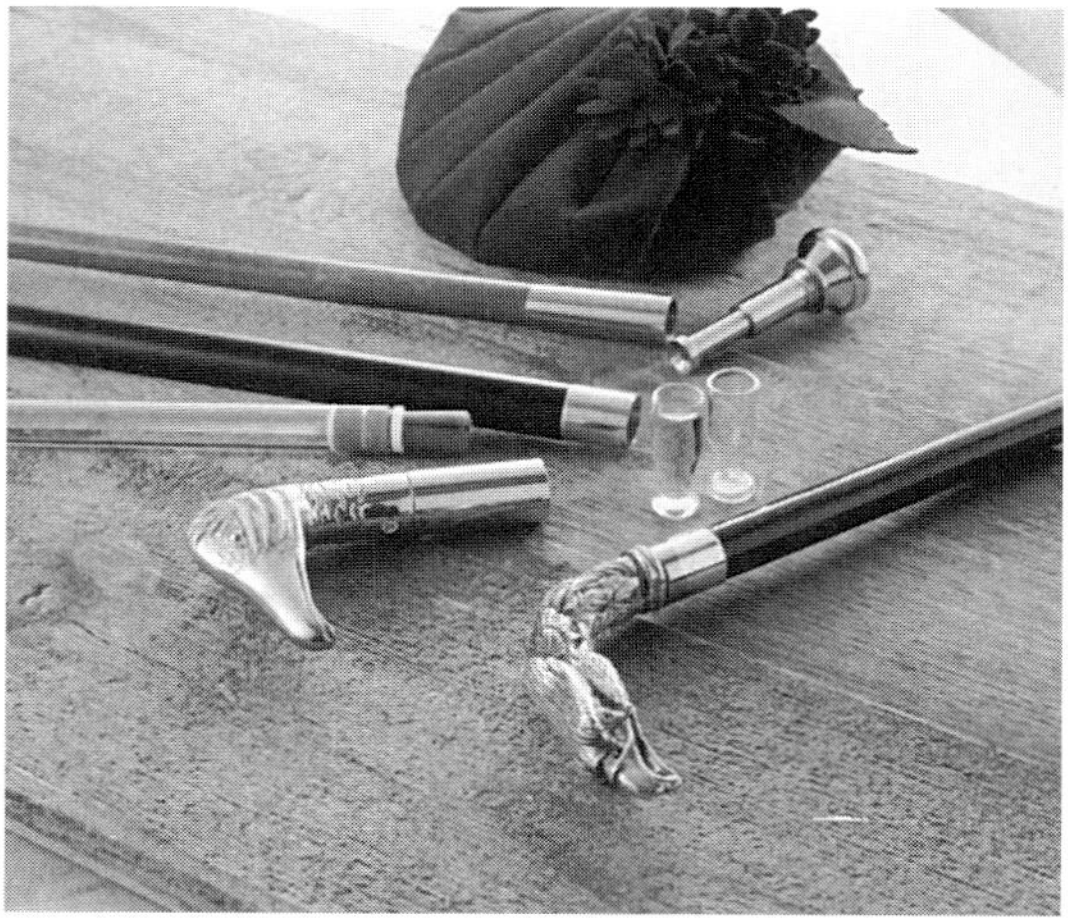

②仕込杖
傘、パイプ、酒、望遠鏡
などの入ったもの

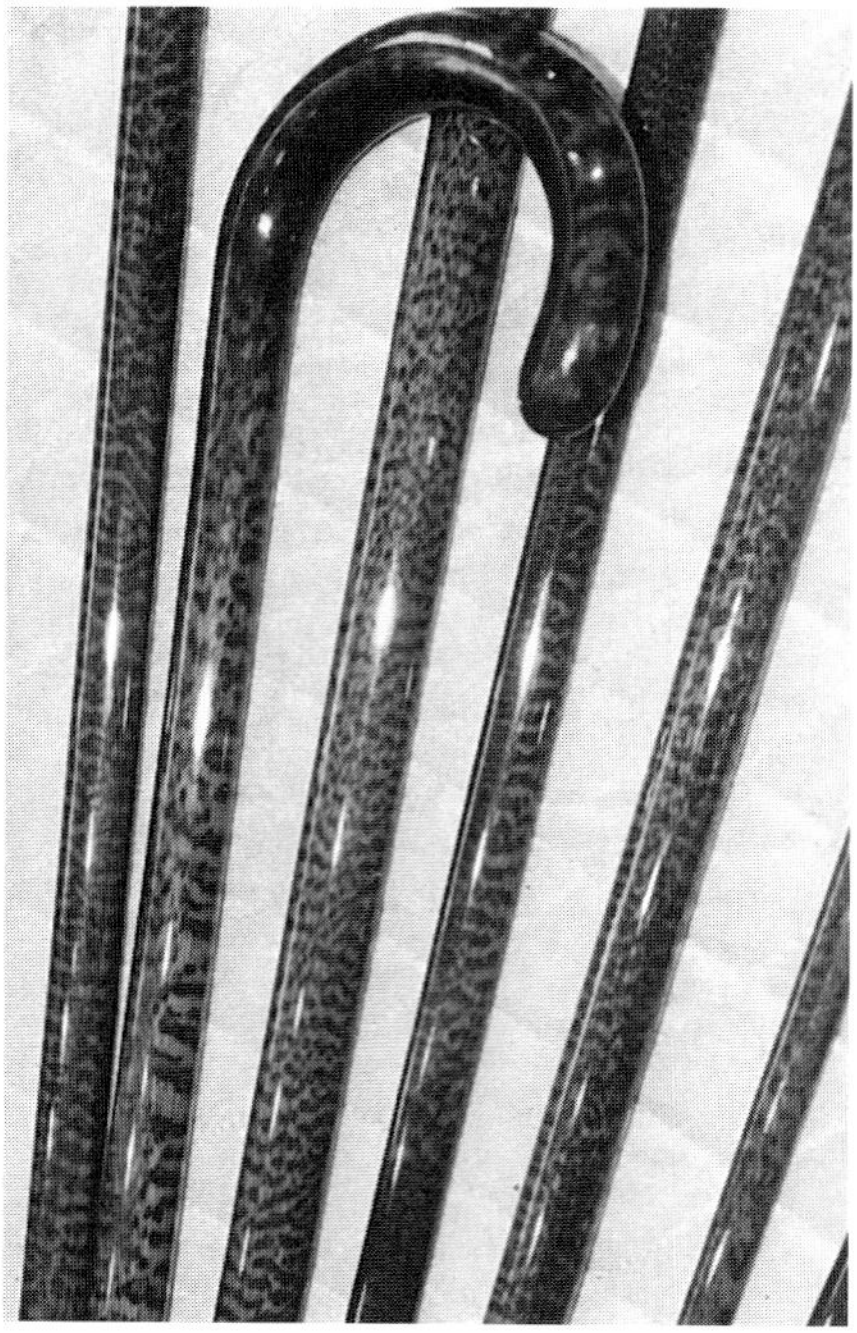

①スネークウッド
アマゾン産の木製
￥30万円より

日本にもあるおしゃれのステッキ

前項では、ヨーロッパの杖のコレクション的カタログを呈示しましたが、いかがだったでしょうか。

恐らく、海外の医療は保険がないといわれ、杖も自由診療の高価な杖と思われます。

日本の杖の殆どは、今まで述べてきたように、医療保険を含む何んらかの福祉制度に保護され、安く入手できますがそれはあくまで庶民の持つ一般用です。

杖には、両親や恩師への贈り物、自分の歩行を守る自衛の杖、おしゃれ等、その目的によって多種多様な杖があります。この項では、おしゃれステッキにスポットをあてて紹介して見ましょう。

まず、66頁の偉人伝を見てみましょう。

①の写真が元首相の岸信介氏や吉田茂元首相等偉人達が好んで使用したスネークウッドです。

高額所得者の一国の首相であれば、要職を守り、転ばぬ先の歩行を自衛する杖の活用は当然ですが、日本

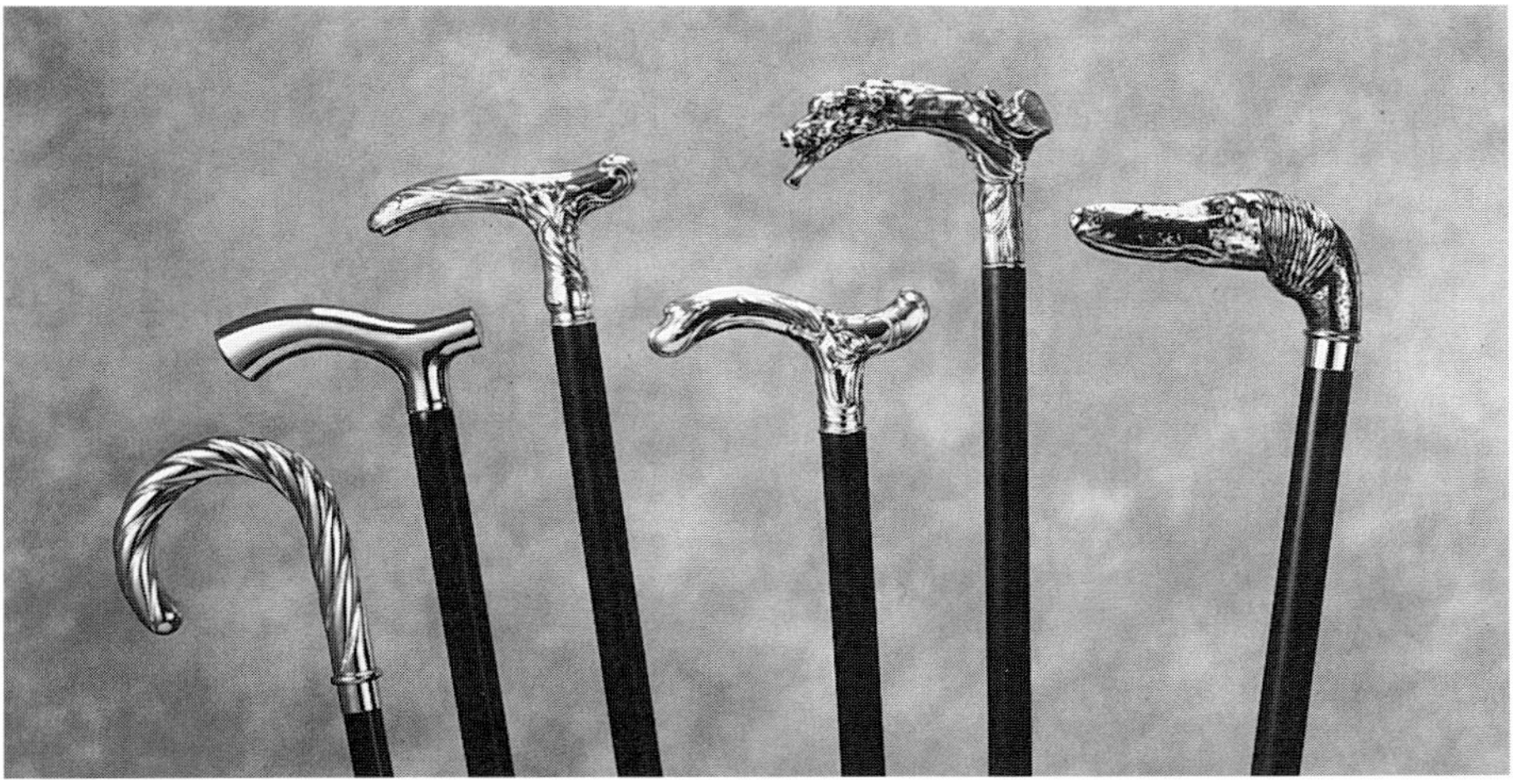

③銀の素材、ヨーロッパの伝統品

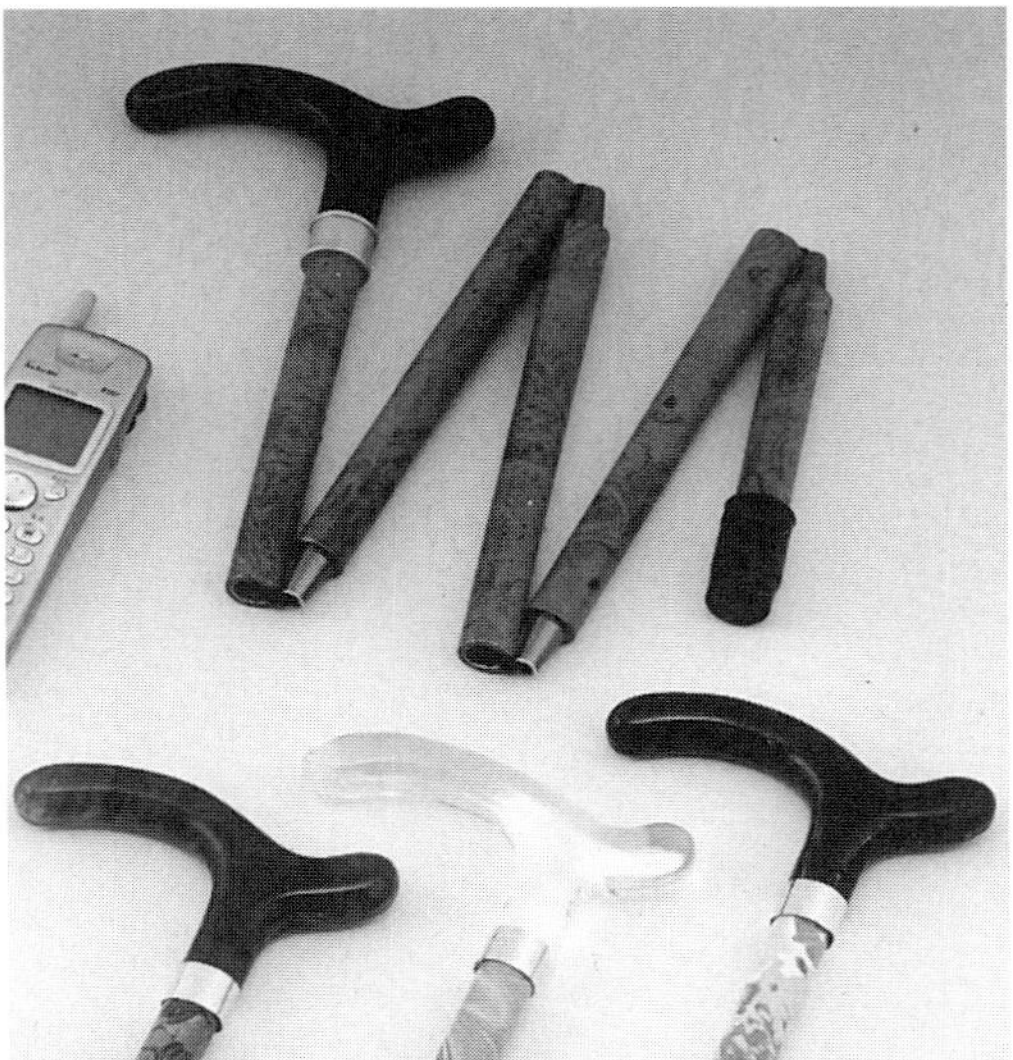

④高級折りたたみステッキ
手のひらサイズ￥9800円〜12000円
5段折で、つなぎ目に節がない。石突にアジャスターが付いて、靴の高さにより調節出来る。手元は格調の高い新デザインとファッショナブルなカラーバリエーションがある
材料　アルミ　焼付塗装・専用ケース有

にも政治家のみでなく、高額所得者層には保険の効かない高級杖も必要でしょう。

外国製品もその一つですが、日本にも、一流デパートや、専門店に相談すれば、それに劣らぬ資料の提供により、自由な選定と、予算に合った選定ができるはずです。(写真の提供は専門店チャップリン店 03-5454-1431)

4

歩行器(車)の種類と名称

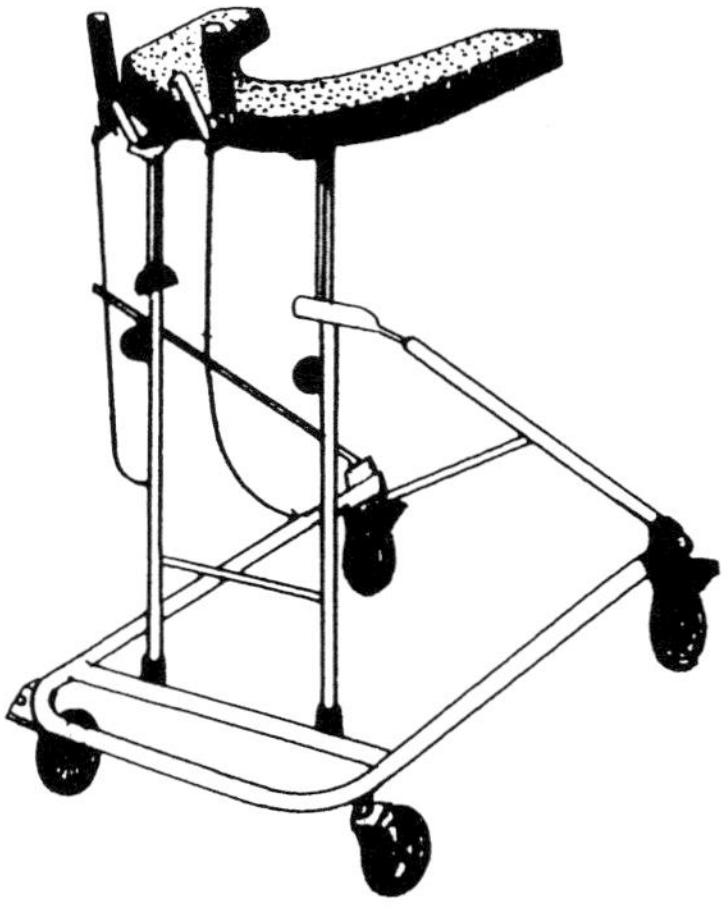

Ⅰ．歩行器の名称

指導：順天堂大学浦安病院リハビリテーション室

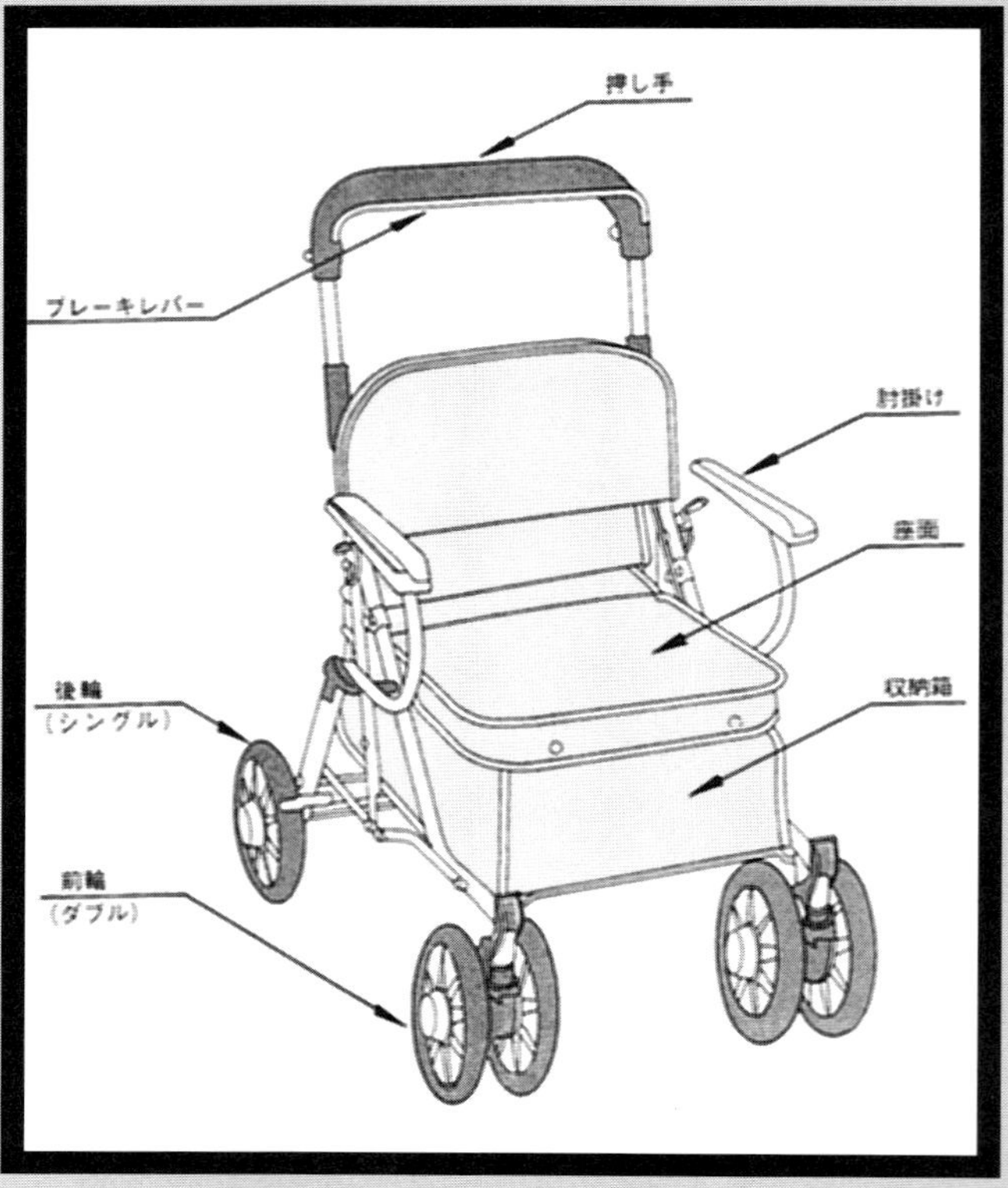

本書の杖および歩行器（車）に使用した写真はすべて日本アビリティーズ協会の協力により、そのカタログより転載させて頂きました。厚く御礼申し上げます。

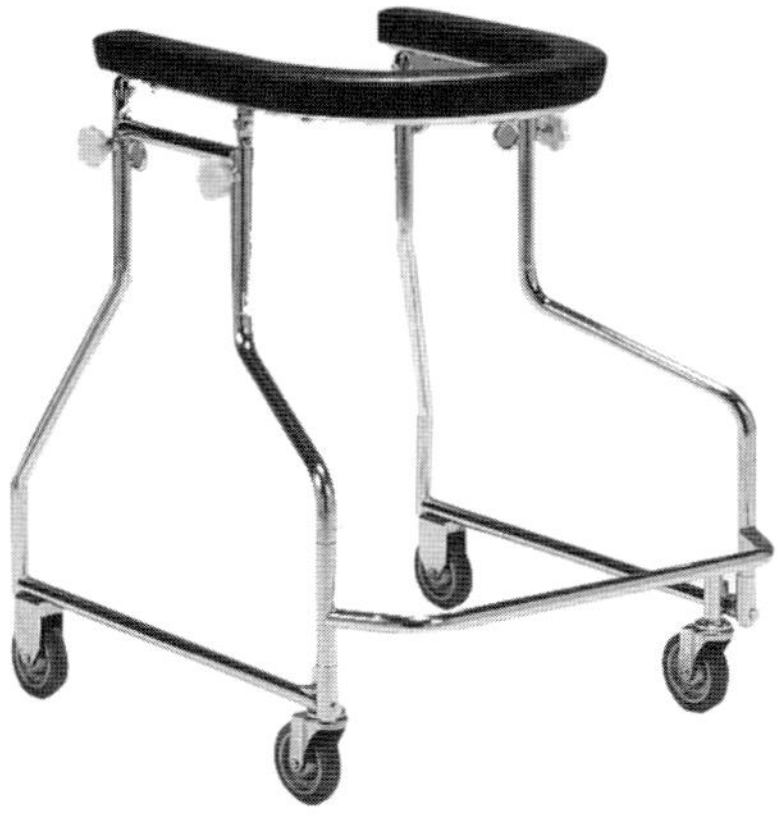

図1-A　最も普及している標準型
￥38,000円程度

U字型歩行器

❶四輪式歩行器

よく、病院に行くと見かける歩行器です。下肢・腋窩支持型歩行器ともいわれ、U字歩行器ともいわれております。

下肢の病気やケガで、松葉杖やクラッチでは不安定な人、外科手術などで、安静中の人が、洗面やトイレに起き上がる時、また、杖歩行に移るための歩行練習などによく使われます。

〈特長〉

❶車輪が四輪のため、倒れる心配が少ない。

❷肘つきのため、両肘・腋窩まで支持され、全体重が預けられる。

❸使う人の身長に合わせて高さが調節可能で膝の負担が軽減される。

〈欠点〉

❶旧型（図１－Ａ）のものは、ブレーキがないため、歩行器だけが進行し、体が取り残され前方へ転ぶ危険

性があります。また、足が出過ぎて後方に転ぶ危険性もあります。

❷場所をとるので、ある程度幅のある廊下が必要となります。

ただし、最近の機器は日進月歩で、右図に示すように、握り柄付き、ブレーキ付きのものがでてきました。

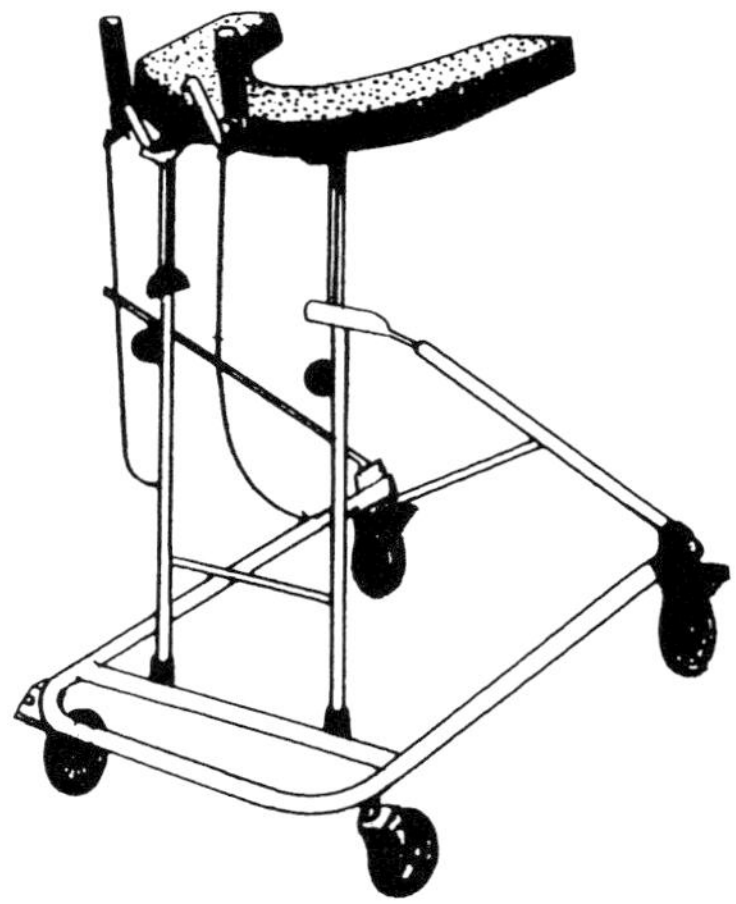

図1−B　ハンドル付き、ブレーキ付きの改良品
改良品（試作品）48,000円ぐらい

まだ試作の段階ですが、介護ショップなどで、最新の情報を得て、カタログなども取寄せることが必要です。

〈使用上の注意〉

●この歩行器は適合さえすれば安全で、安定感のとれる歩行器ですが、施設の環境次第で、適・不適になります。

●施設が広く、よく整備されているところには適していますが、段差や階段が多く、凹凸の多い不整備な施設には不適です。

●ですから、介護法が実施され、在宅療養の人、ショートステイ中の人などには、本器は向きません。

●なお、写真のものは、前2輪がキャスターで、後輪が固定車輪ですが、中には、四輪ともフリーのものがあります。四輪ともフリーのものは小回りが利く反面、馴れないと、フラフラしてうまく歩行できない欠点があるといわれています。

●さらにこのタイプの歩行器は「大人用」では高齢者には大き過ぎる場合があります。「中人用」を準備した方が無難という報告もあります。

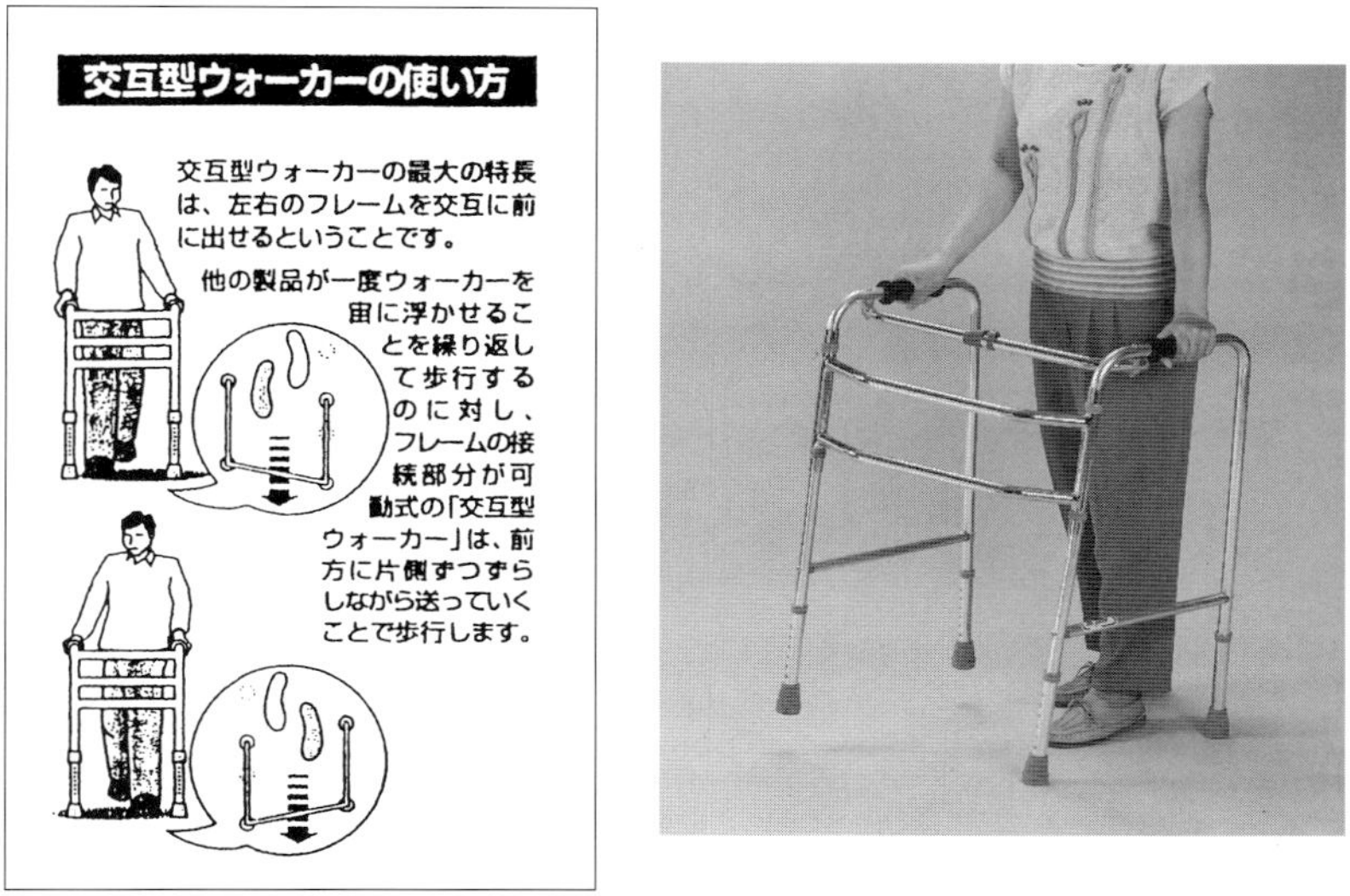
交互型ウォーカーの使い方
交互型ウォーカーの最大の特長は、左右のフレームを交互に前に出せるということです。
他の製品が一度ウォーカーを宙に浮かせることを繰り返して歩行するのに対し、フレームの接続部分が可動式の「交互型ウォーカー」は、前方に片側ずつずらしながら送っていくことで歩行します。

図２　車輪がないもの
カタログ名：交互型ウォーカー　￥38,000円ぐらい

❷交互型歩行器

一般家庭の屋内向きの歩行器です。（介護保険の福祉用具にも採用されています。）

●別名、フレーム箱型歩行器または交互型ウォーカーとも言います。

　このタイプの歩行器には、キャスターがついているものとついてないものがあります。

●キャスターのない箱型のものは、地面にしっかり着いていますから安定性がよく、体重もしっかり支えてくれます。

●歩行器全体を持ち上げて、前に出し、また持ち上げて前にだして歩くものと、持ち上げずに、右、左と、左右にずらして歩く交互型があります。

●ただし、歩行の効率は落ちます。いったん持ち上げて前に振りだす歩行には馴染めない人が多いようですが、交互型にしても歩幅が延びず、遅くなる欠点はやむを得ません。

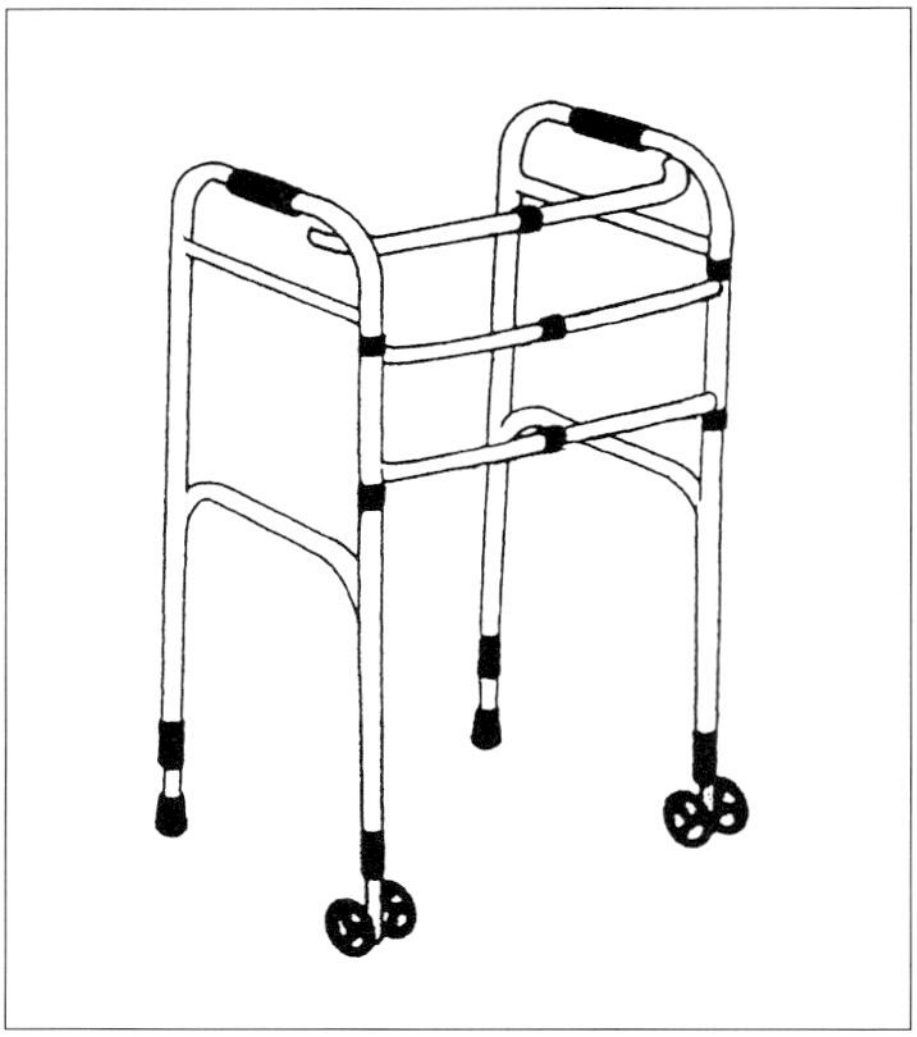

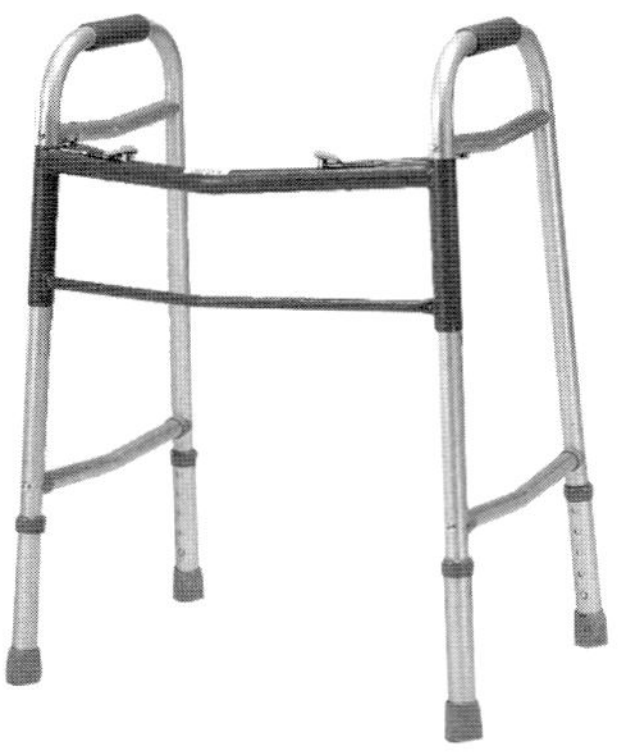

図2−C　キャスター付きのもの　　図2−B　キャスターがついてないもの

カタログ名：セーフティアーム交互式　￥38,500円〜44,000円ぐらい

●その代わり、施設入所中の方にとり、このタイプは床や廊下も傷つけない利点もあり、もっと見直したい歩行器といわれております。

●なおこの歩行器は、手すりの代わりになるもので、起き上がり用にもなります。また、玄関や居間、和式トイレなどにただ置くだけで手スリの代わりに活用することもできます。

●キャスター付きのものは前輪に双輪キャスターが使用されており、軽く押すだけで動き、体重をかけるとブレーキがかかるので安全です。折りたたみもできます。

〈特長〉

●一般家庭で、在宅療養や介護するためには、手スリにより、伝い歩きをするのが最も安全です。ただ家中手スリだらけにすることは基本的に不可能で、このように持ち運びできる歩行器（手スリ）が必要になります。

●自分で歩行できる場合は車輪つきのもの。筋力が弱っていて、歩行できない場合は、安全性のある車輪

図3-B　ウォーカーケインを
使って立ち上がる

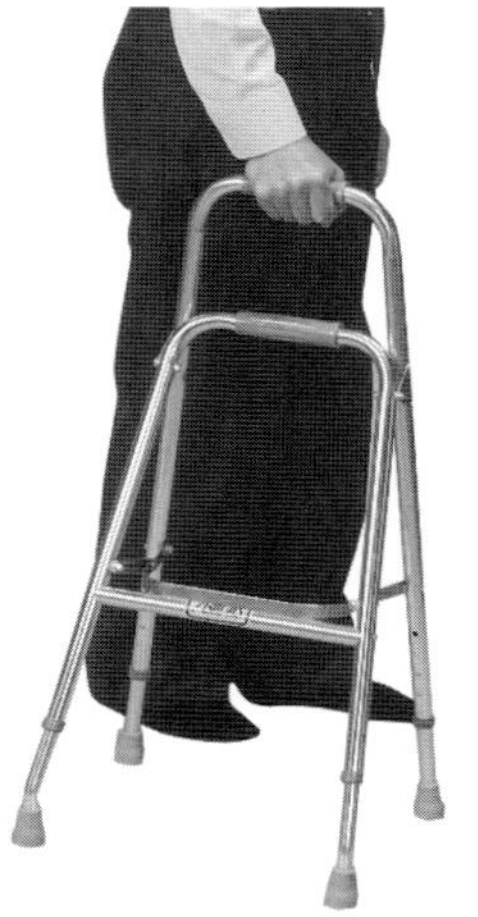

図3-C　ウォーカーケイン
（サイドケイン）

￥17,000円程度

なしの固定的ものが選択肢になります。

●なお本器は、移動可能の手スリ、固定的な手スリだけでなく、前述のように左右にずらして歩く歩行器も兼ねています。食事・入浴・トイレなど、何かと雑用の多い家族やヘルパーさんの手助けになる歩行器です。

●ウォーカーケイン
❸サイドケイン

主に、立位・歩行練習用の歩行器ですが、ステッキと歩行器の兼用品です。歩行補助具のカタログでも、歩行器ではなくステッキに分類されているものもあります。

安定したステッキの一種と見ればよく、リハビリ室では片マヒの方や、下肢にマヒのある方の立位歩行練習用に使われています。

医学雑誌「診療と新薬」第35巻第6号で、帝京平成大学教授の上田　敏先生ほかは、この歩行器と長下肢

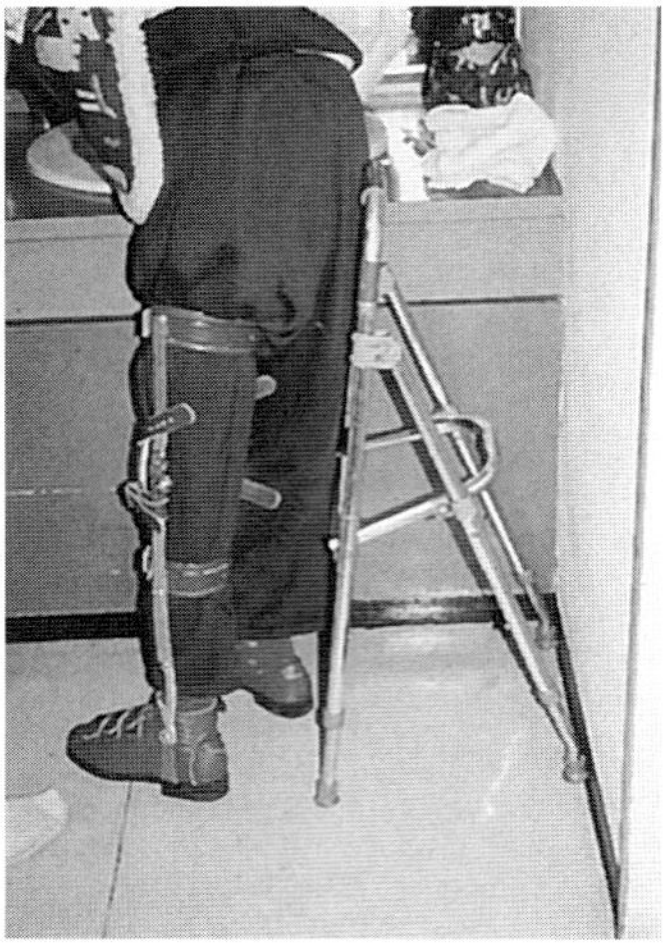

図3−D　ウォーカーケイン（サイドケイン）を壁につけて安定させる

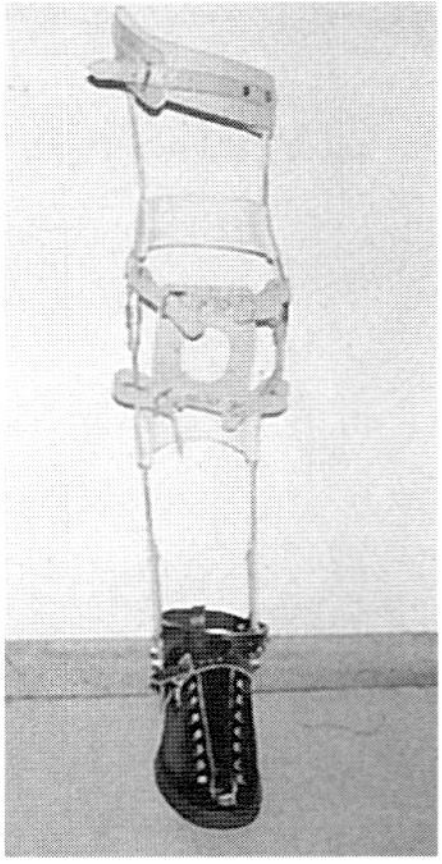

図3−E　長下肢補装具

装具を併用して、脳血管障害後遺症の下肢のマヒに使用した成績を発表しています。

それによると、完全マヒに近い方が、本器と長下肢装具を併用し、二〇〇メートルも連続歩行が可能になったとのことです。

また、この報告によると、装具をつけてでも歩くということは、マヒの回復促進作用と廃用症候群の予防、筋肉・体力を強化する一石三鳥の効果を持つということです。

ですから、道具に頼って歩くと回復が遅れるという考えは大きな間違いで、逆に歩くということが刺激になって、マヒの回復促進にも役立つといわれています。

そして、洗面、家事動作、装具の着脱、屋外歩行、入浴、廃用症候群などの総合成績では、36例の完全マヒに近い症例中、6ヵ月〜1年未満に社会復帰できた人が23例もあり、主婦業に復帰できた人も3例あったと報告されています。

写真は、「診療と新薬」第35巻第6号より転載

カタログ名：ウオーキングステッキキャスター　￥9,800円より

ウォーキングステッキキャスター

❹標準型シルバーカー

●乳母車式歩行器とも呼ばれる歩行器で、お年寄りに最も人気のある歩行器です。
●施設内でも使われますが、施設外でも、ちょっとしたショッピングなどに、押して歩き、疲れたら休める歩行器として人気度ナンバーワンを占めています。
●前方のキャスターは四輪です。握りのハンドルが横型で、後輪よりさらに後ろになっています。
●本器は、腰の曲がった人が腰を前方に伸ばして、「すがるよう」に持つとちょうどよい形になり、腰の曲がった人では杖以上に楽に歩行できる長所があります。
●家庭で使用するために「家庭用」があります。アルミ製やスチール製のものがあり、サビにくく、軽量なものがでています。写真は軽量アルミ製。

この標準型シルバーカーは、日本固有の歩行補助車で、別名ウォーキング　ステッキ　キャスターとも呼ばれています。

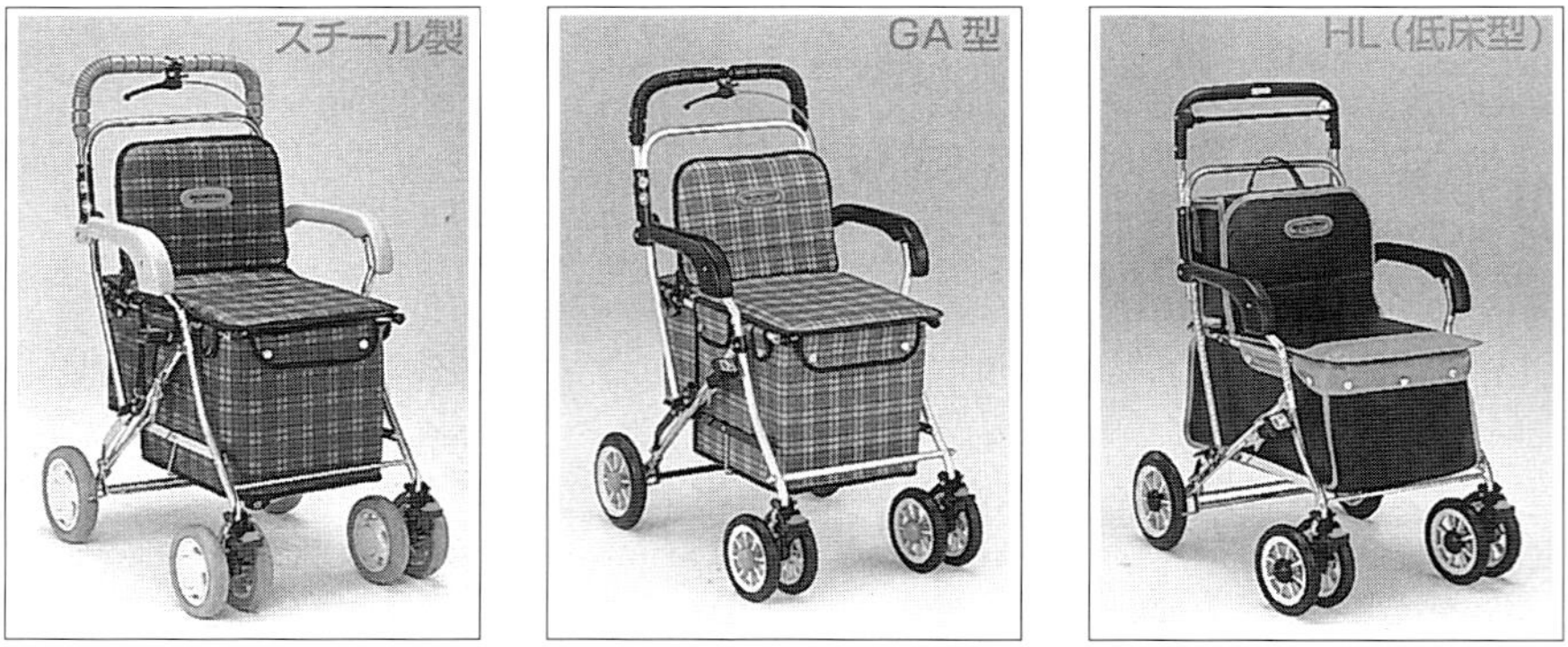

図4-C　各種の標準型シルバーカーとブレーキ
カタログ：ウォーキング　ステッキ　キャスター

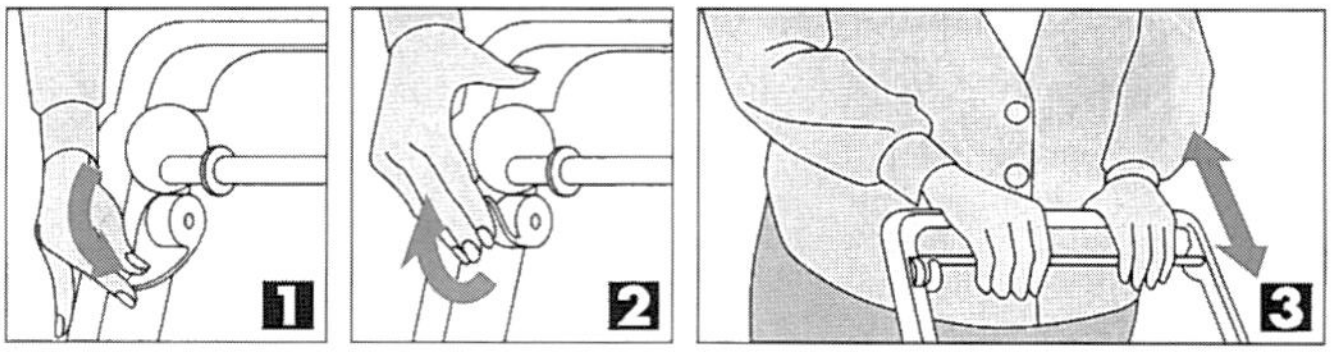

車輪の付いた収納ボックスを押して行きますが、この蓋が座面になっているのが特長です。この形式の補助車は、最初は日本の乳母車を参考にして造られたものですが、現在では介護時代の波に乗り、多くのメーカーがいろとりどりの製品をだしています。

荷物を持つのがいやな人、重い物が持てない人、休みながらでないと歩けない人、日常の買い物や散歩などをしたい人、腰が曲がって杖では不安定な人、こんな人に好まれるシルバーカーです。

●ケアハウスなどに住居を構えるお年寄りは、もっと手軽なものを施設内で使用していますが、できれば介護ショップなどで現物を見て、ＳＧマーク付きの、あなたの体位や使用目的に合ったものを選びたいものです。

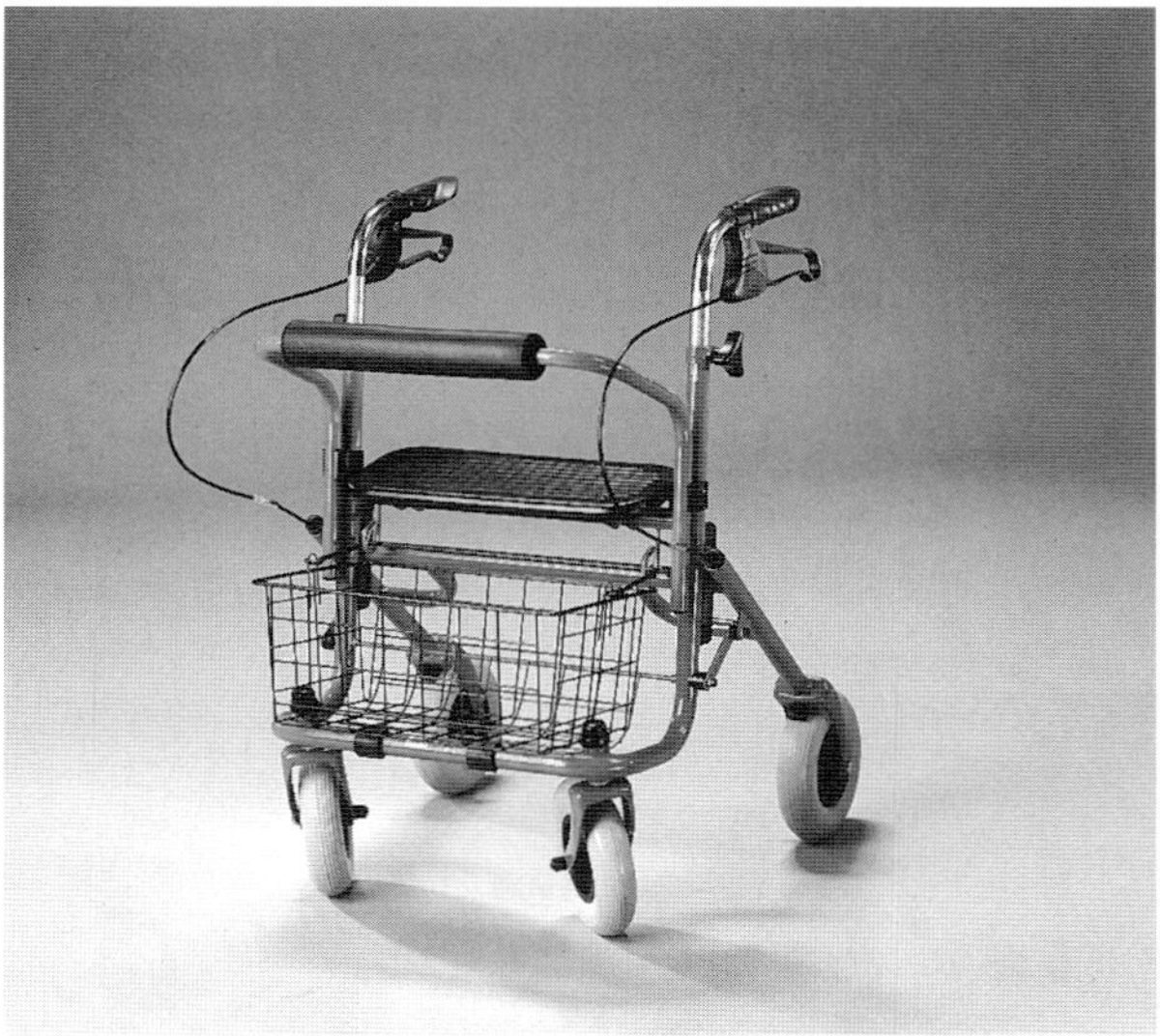

図5　ウオーク型歩行車（小型の四輪歩行車）
カタログ：ウオーク・ウオーク　¥39,800円ぐらい

ウォーク型歩行車

❺小型の四輪歩行車

●ウォーク型歩行車と呼ばれています。行動範囲を広げ、お出掛けをサポートする歩行器といわれています。大多数は国産ではなく、オーストラリアなどからの輸入品です。
●年寄り臭くなくて、格好がいいといわれますが、基本的には四輪キャスターで、縦ハンドルタイプです。キャスターが大きく太いので屋外でも使用可能です。
●見掛けより軽量なものが多く、段差などは持ち上げて越せます。
●しかしこのシルバーカーは、現段階では外国品のため日本の高齢者には大き過ぎるといわれております。
●使用目的を限定して、キャスターも小さくした国産品も出始めています。
●機種も豊富にあり、便利なシルバーカーと思われますが、前述したような道路環境、とくに歩道環境の良否が、このシルバーカーの今後を左右するでしょう。

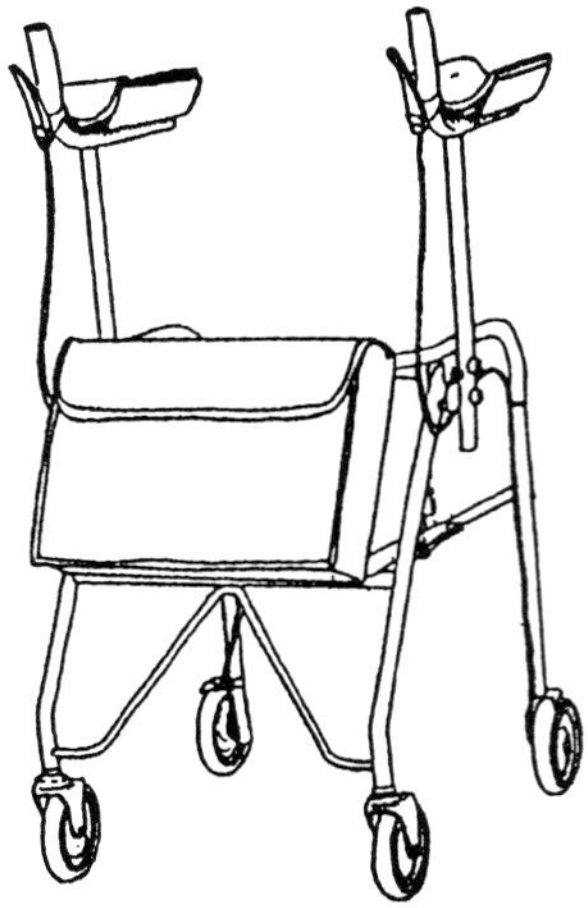

図5–B　肘載せタイプ

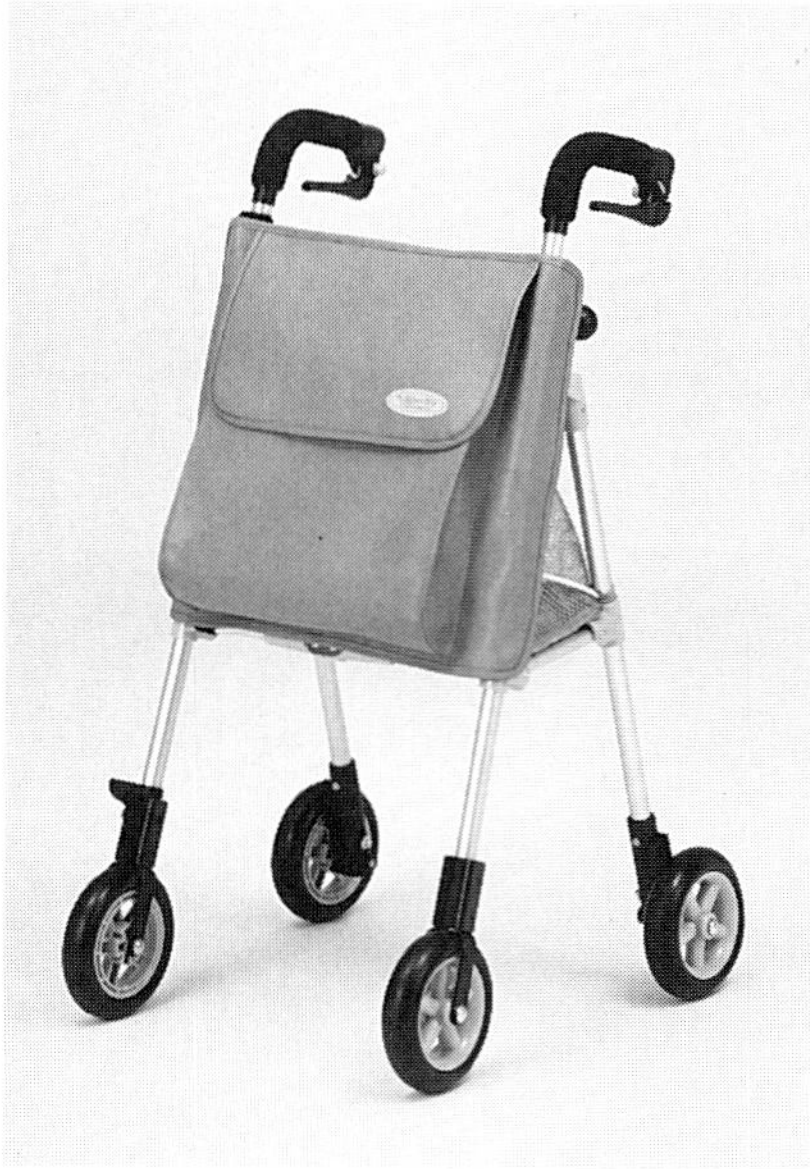

図5–A　四輪ショッピングカー

●この歩行車の特長は、体重を支えられるように丈夫に造られていることです。ハンドルは体の左右にあり、足元の広さも十分あり、歩行時のバランスも保ちやすくできています。

❻四輪のショッピングカー

上図のように、同じ四輪歩行車でありながら、腰掛けられないものがあります。メーカーの回答では、腰掛けられるもの（前頁）は歩行車と呼び、腰掛けられないものはショッピングカーと呼ぶそうです。

本書もそれに従いショッピングカーとしましたが、メーカー側も、単にヘルシー（健康）としないで、使用目的も明示したわかり易いカタログにして欲しいと思います。

❼小型の歩行補助車

最近、お年寄りに人気を博している歩行器（車）の一つに、簡易型の小型の歩行器があります。別名ステッキ型シルバーカーと呼ぶ参考書もありましたが、本書では、小型の歩行補助車と呼ぶことにしました。

バスや電車による移動も考えた補助車ですが座席に座ったときの安定感は期待できません。

座席はついているものと、ついていないものがあります。図のように小型のため、取り扱いは楽ですが、重いものも運べず、腰掛けることもできません。

歩行練習を他人に見られたくない、あまり目立ちたくない人向きの歩行器ですが、カタログにもなく、見本もありません。

21世紀の歩行器として、注目したい簡易型歩行器です。交通事故・ブレーキなど、安全性を考えて一層の研究を望みたいものです。

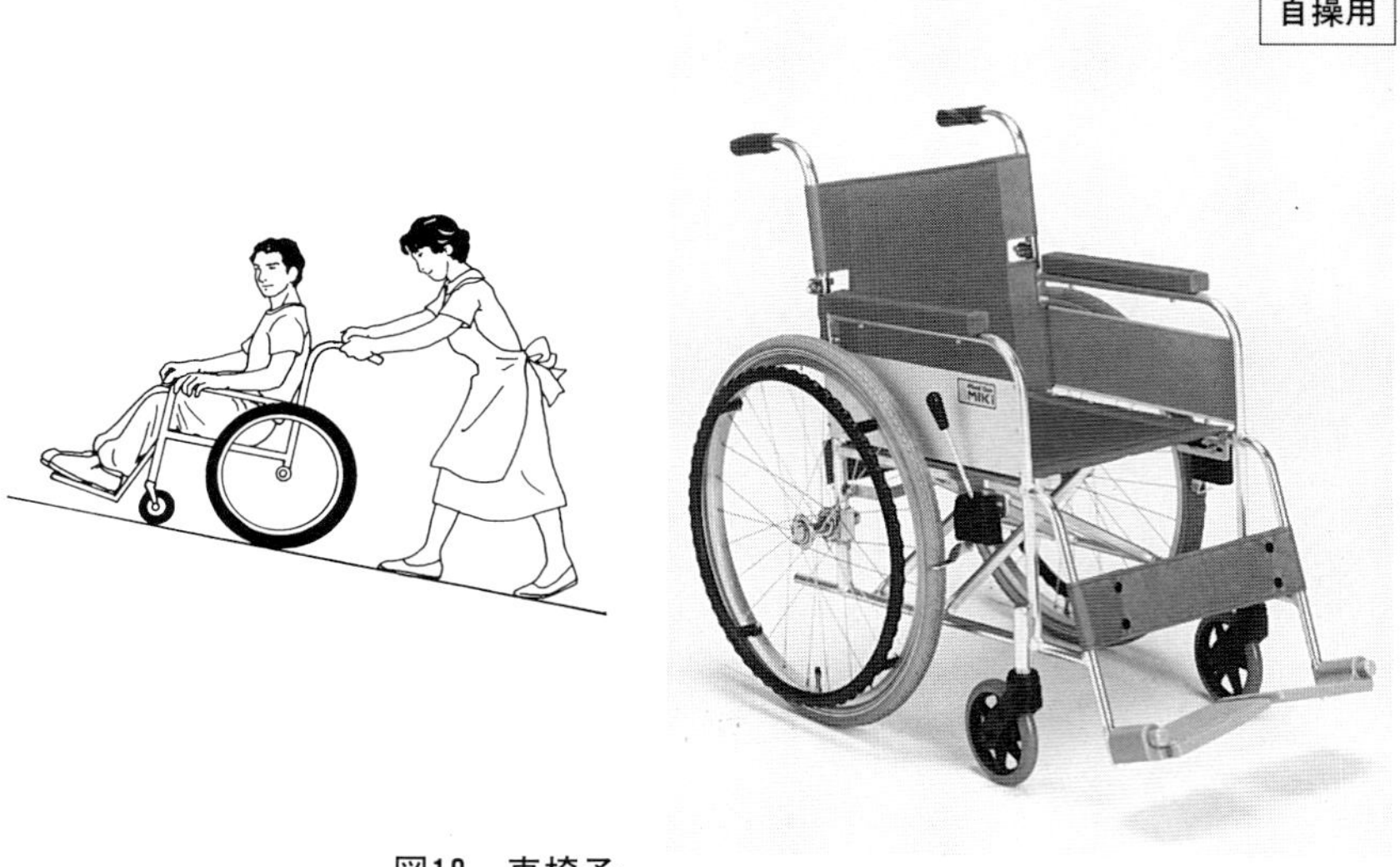

図10　車椅子
自家用/軽量アルミ製車椅子
￥88,000より117,000円程度

8 車椅子

一般の車椅子は、介護用と自操用に分かれています。どちらも歩けない患者の移動が目的ですが、離床の役目も果たしています。

ただ車椅子には、「せきずい損傷」患者などの身障者を守る一面を持っていますが、半面では、この人達の運動競技に多く活用されています。

ご存じのように、パラリンピックなどでは、健常者も及ばない記録をだし、バスケット、テニスなどの陸上競技でも驚くべき成果を上げていますが、車椅子にはこのように陸上競技用の特注品があるのです。

ですから車椅子選定にあたっては、利用者の身体機能や使用目的に合わせて選ぶことが望ましく、とくに使用場所の廊下の幅員も検討する必要があるでしょう。

なお、最近電動椅子が話題をよんでいます。しかし、電動椅子は車体が重く、車庫も必要なり、もう少し、研究を要するとの専門家の意見でした。

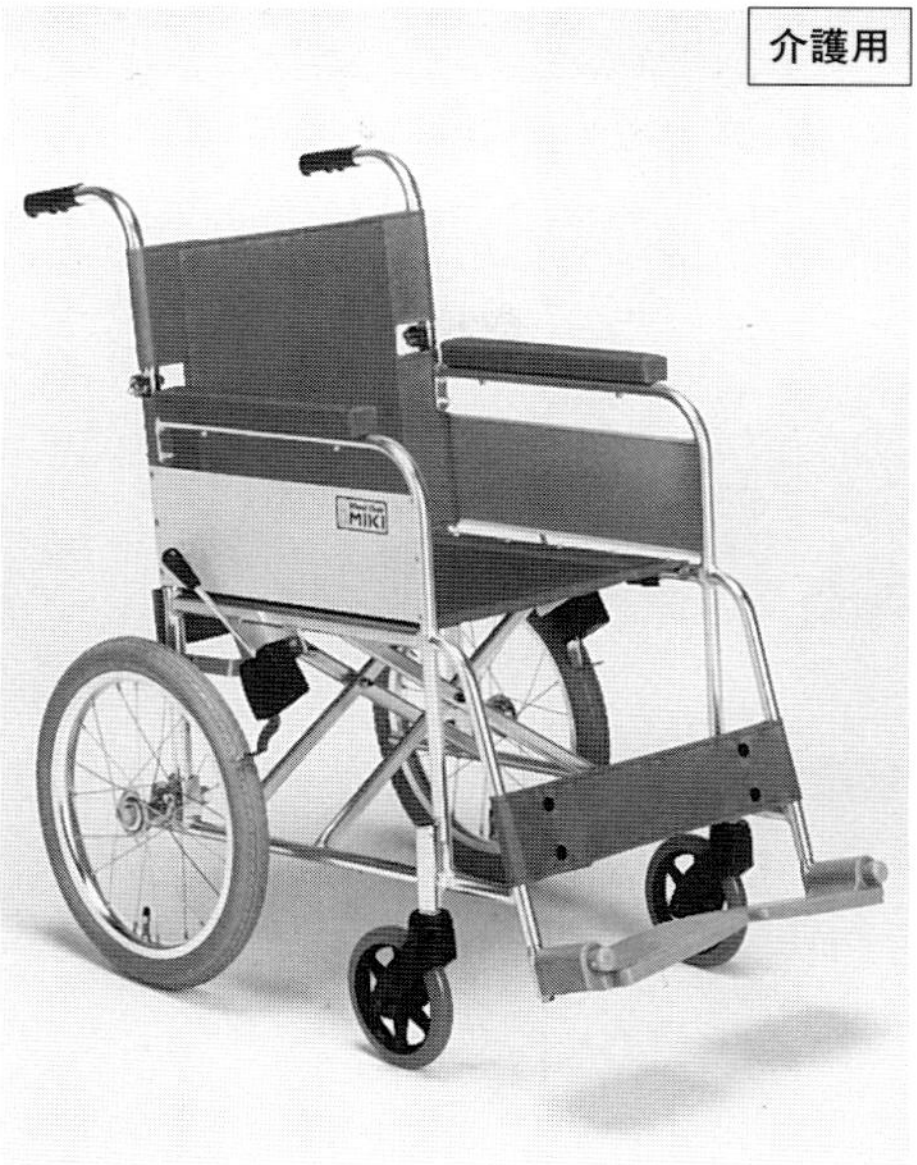

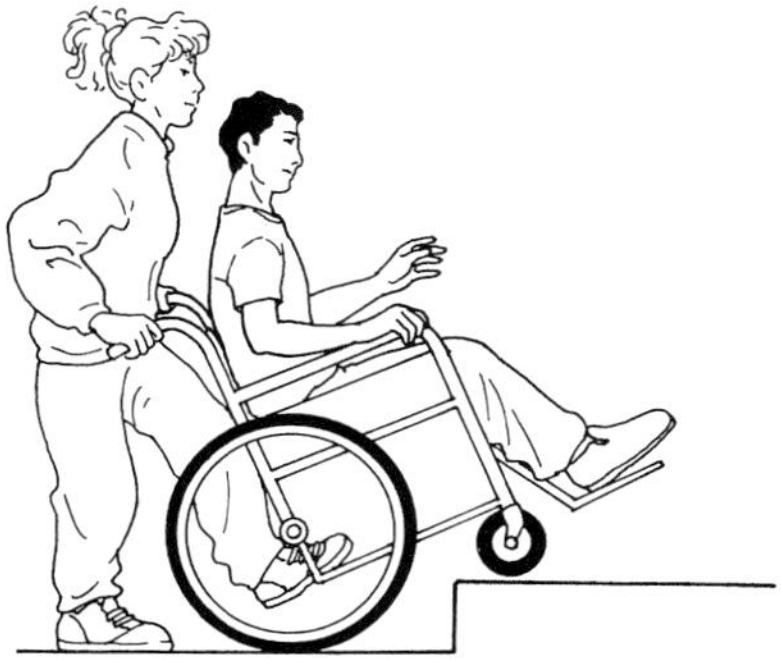

❾ 電動式スクーター（三輪・四輪）

電動四輪スクーターは、歩行が不自由と思われる方が乗るスクーターです。道路交通法上は車いすになり、歩行者として扱われます。免許は不要ですが、歩行者としての注意事項や、交通ルールを守り安全運転を心がけましょう。

図11　電動スクーター
￥280,000～290,000円（付属別）

❶ 電動スクーターは、免許不要の簡単操作

●キーをONにして、軽くレバーを押すだけで走り出し、離すとブレーキがかかって停止します。前進は右のレバー、後進は左のレバーと分かれており、誤動作の危険性が少なくなっています。

●乗る方の体格にあわせて、ハンドルの角度、肘掛けの幅を調節できます。さらに、座席シートは回転式で、肘掛けは上にあげることができ、無理なく乗り降りができます。

障害者用のほぼ完成されたスクーターと見てよいでしょう。

●使用後は充電しておきますが、ハンドルの近くにあるキャップを外して専用の充電器につなぐだけです。充電器の大きさは、縦四・八cm、横九・五cm、奥行一七・八cm、重さ1kgのコンパクトサイズですから持ち運びもラクラクできます。過充電防止機能付。

●バッテリーは液の補充が不要なシールドタイプを採用しているので、日常の管理に余分な手間がかかりません。

❷ 歩く速さと同じ安心速度

●最高速度は6㎞／hと、大人の早歩き程度の速さです。常用速度は1㎞／hからダイヤル設定でき、設定した範囲内で、アクセルレバーの押し加減で速度調節できます。後進はブザーが鳴り、速度は安全のため前進時の6割に制限されています。

●強力モーター搭載により、最大登坂角度15°（実用登坂角度10°）と、ちょっとした坂道でもラクラク登ることができます。また、車体の幅が55㎝と、従来のものより15㎝も小さく、狭い道でも走れますが、自転車やバイク等の障害物のある歩道は避けた方が安全です。

❸ 走行安定性と快適性

●乗り降りの際のふらつきが少なく、傾斜地や舗装のしていない凸凹道、段差や縁石などに対しては「安全に関するご注意」を参照してください。

●ショッピングに便利な大型バスケットのほかに、足元にも補助バスケットが付いており、多めの荷物が積載できます。杖ホルダーもついています。

⑩電動いす

最近、「電動いす」が歩行補助具に登場し話題をよんでいます。ただ「電動いす」は車体も重く、症状によっては不向きの場合もあると聞きます。

専門家も少なく、業者の説明に従う以外方法はありませんが、本書ではこういう「電動いす」があるという紹介にとどめておきます。

（Ⅱ）歩行器（車）を知るために

❶ 歩行器（車）を使う人々

日本全国の肢体不自由者は、厚生省の平成3年度の調査によると、一五五万三千人といわれております。（図1）。

これらの人々は肢体に何らかの障害を有するもので、1級から5級までの身体障害者手帳を有する人々です。

せきずい損傷や、両足に障害を有する人々は、障害の程度により定められた何らかの歩行器や歩行車を使う人達です。

一方、本年度は、介護保険制度による一連の老人福祉のスタートの年です。特別養護老人ホーム、ケアハウス、老健、在宅介護センターなどが各地に設立され、国を挙げて老人福祉施策がすすめられています。

そして、これらの介護を要する老人数は、図2に示すように、団塊の世代が60歳代を迎える二〇一〇年には、四〇〇万人に達すると予測されています。

さらに、これらの要介護者はすべてが肢体不自由者ではありませんが、このうちの何％かは歩行能力に問題があり、それが原因で要介護者のランクでは1から5までに認定されるわけです。

ですから、これらの人々もいずれは杖か歩行補助具の歩行器（車）に身を託す予備軍であり、その対象者に加えられる人々なのです。

そのほか、歩行器（車）を使用する障害として、自然の老化による足腰の衰えがあります。いわゆる自然の老化現象として「歳だから…」と諦めている人々なのです。

例えば、少し歩いただけで足がしびれたり、息が上がって休み休みでないと歩けない人。●ちょっとした荷物や買い物も重く感ずるような人々。●歩くときフ

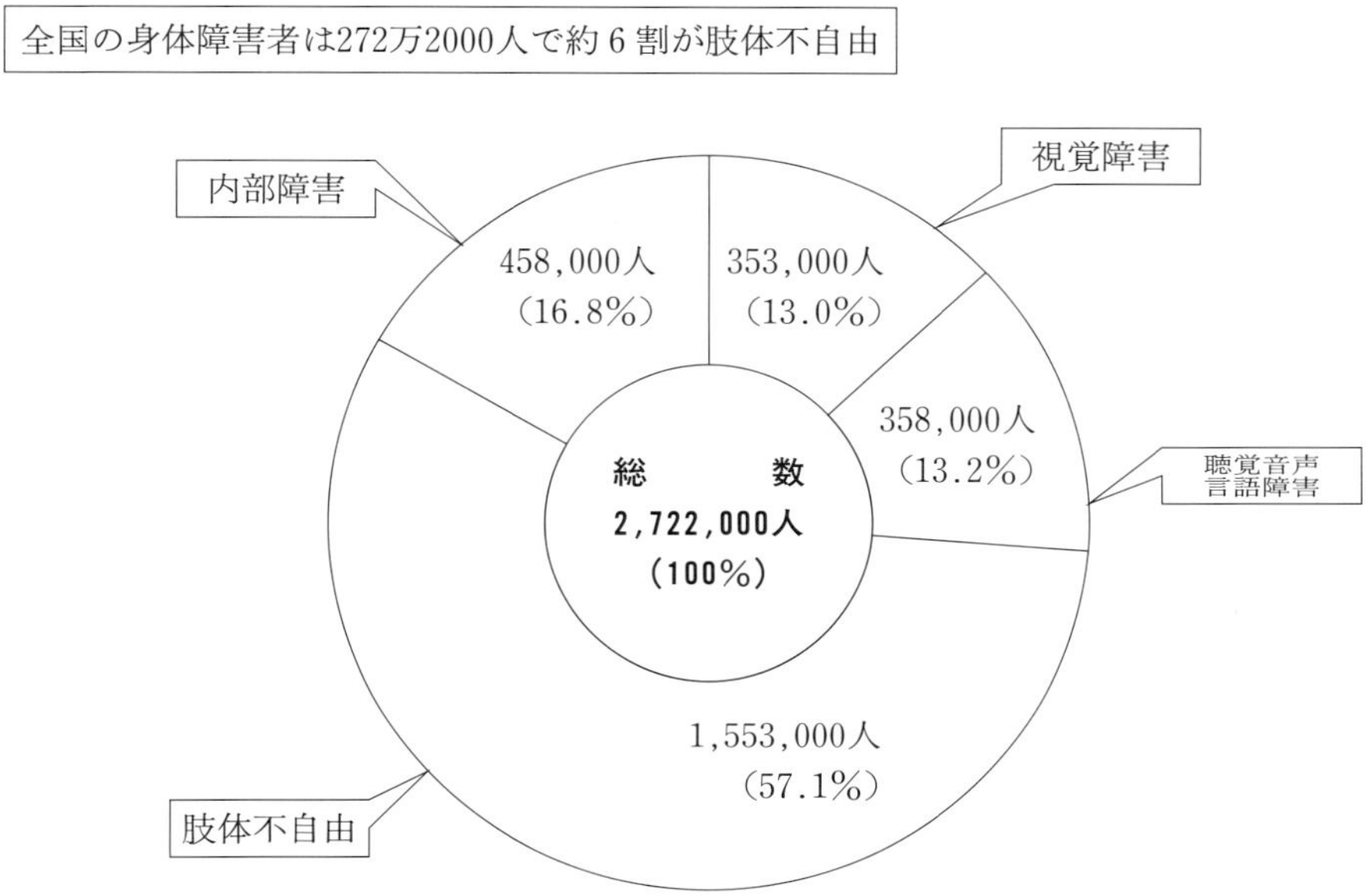

図１　からだの不自由な人々の福祉 '92

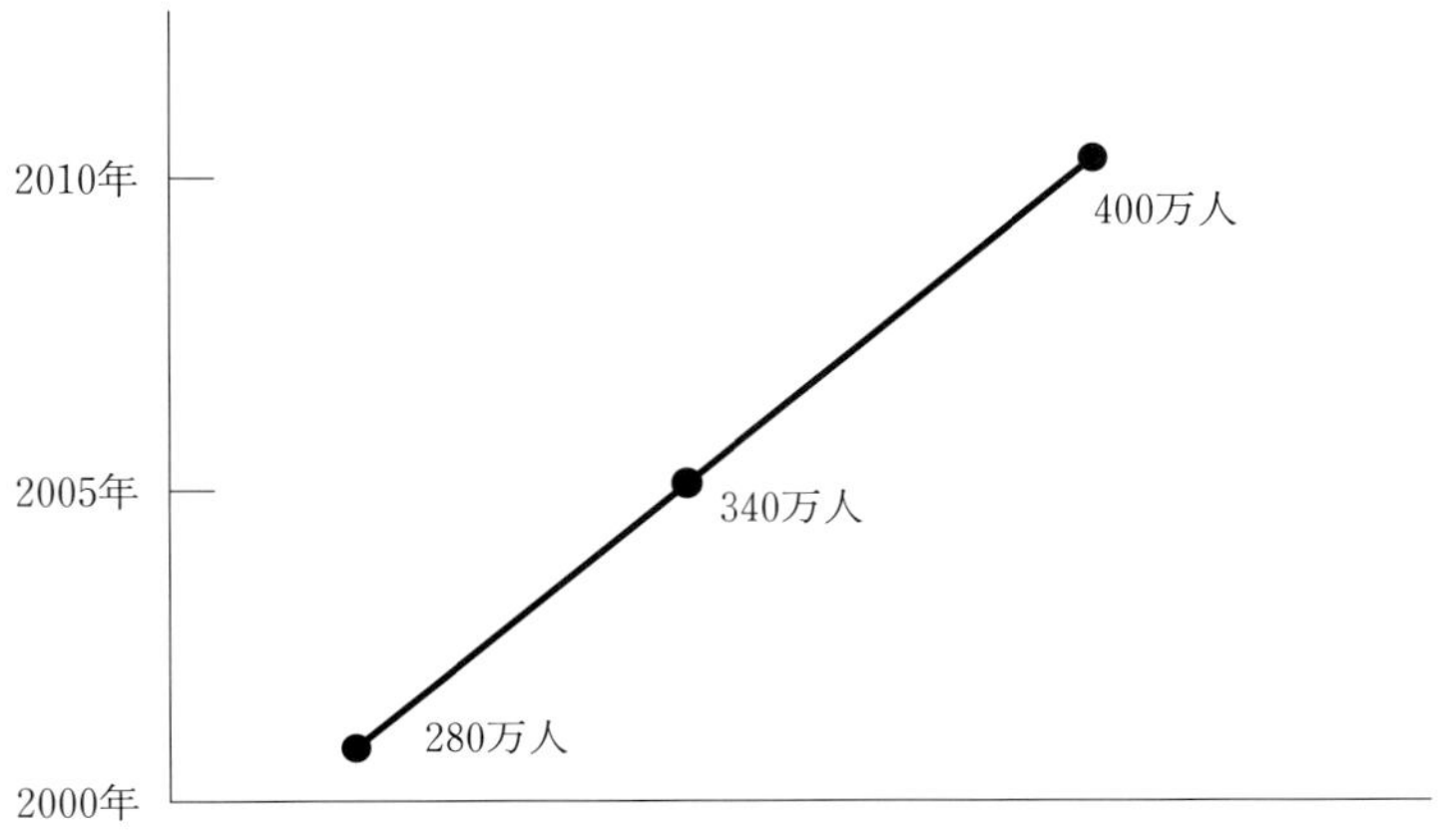

図２　要介護老人の増加見込み
（施設介護／在療介護含む）

ラフラしてバランスを崩しやすく杖では不安定な人々。

これらの人々は無理をせず、重い荷物の負担を軽減し、少しでも楽に、長く歩行を続けられる方策を考える必要があるわけです。その方策の一つが現代の歩行器（車）なのです。

東京都福祉機器センターの文献によると、歩行器（車）は、特別なものを除いては歩行を補助するもので、疾病や障害を治す機器ではないと言います。

このような歩行困難になったとき、それぞれの症状に合った機種を選び、無理をしないで、安全に楽しく歩行するための補助具が歩行器（車）の役割なのです。

❷ 不遇の歩行器(車)に陽があたる

とかく杖や歩行器（車）は不遇の補助具といわれ、今まで文献的書物もなければその資料にも事欠く時代が現在まで続いてきました。

しかし、介護保険制度がそれを一新し、介護用品の公的展示場が各所にでき、そのカタログも自由に入手可能になりました。

ですから、今まで専門家や一部関係者のみの資料であった杖や歩行器（車）のカタログが、みんなの目に公開され、検討される時代になったのです。

しかし、公開は責任を伴うものです。業界全体としても、介護ショップや展示場におくカタログの質の向上を願わずにはおられません。

従来のこの種のカタログを見るとまず機種名に統一性がありません。

因みに、医療上の薬品名などは、国際的に通用する一般名に分類され、各社各様の商品名は、その中に分類されています。

歩行器（車）も、「車いす」なら「車いす」の項を設け、その中に各社各様の商品名や材料名を入れれば、もっと分かり易く理解できるカタログになるのではないでしょうか。

❸ 介護老人の増加と歩行補助具

前述したように、介護老人は10年後には倍増すると見込まれています。よく、杖をつくと格好が悪いとか、年寄り臭いと言って杖の使用を嫌う人がいます。

しかし、私は10年後には老人が増加し、杖をつく人があたりまえの時代が到来し、むしろ杖をつかない人が意地っ張りか、無理しているように見られる時代が必ずくると思っています。

杖をつかずに転んでケガをするより、杖をついてでも健全な歩行をして一生涯健康な生活をした方が得策と思うからです。

歩行器（車）も同様です。無理をして転んでケガをするより、必要に応じて歩行器を駆使し、行動を広く、買い物の負担も軽減して、安全で楽な歩行をした方がどんなにか豊かな老後を送れるかはかり知れません。

人間は、道具を使っても歩くことが健康のもとなのですから…。

(Ⅲ)歩行器(車)の選び方

❶ 歩行器は自立のための補助具

人間は誰でも歳をとります。若いときなら運動で筋力をつけ足腰も鍛えられますが高齢になってはそれも叶いません。

だからと言って人間は歩かなかったり、外出もせず家に閉じこもっていたのでは老化に拍車がかかり、ボケ老人に等しくなります。

そんな時、助けになるのが歩行補助具の活用です。人間は、機器を使ってでも歩くことが健康となることは前述の通りですが、機械工学や社会福祉がすすんだ現代では、杖、歩行器と、老人向けの歩行補助具が数多く出回っています。

前述した医療の杖、歩行器（車）は一つの機種に一機ずつを提示したもので基本的なものです。このほかにも「らくらくちゃん」とか、「花子ちゃん」などのカタログ名で各社各称に数多く販売されています。

そういうわけで、杖と歩行器は両方併用されていいのです。目的地までは歩行器で、目的地に着いたら杖を使うなど、あなた好みで、楽しく、安全に、歩行補助具を活用することを考えましょう。

歩行器（車）が楽だからと、それに頼り過ぎると人間本来の「自然治癒力」を失い、身体機能の衰えに連なるという見方もあります。

その選定には「自立するための補助具」と考え、お医者さんによる「歩行器（車）の適応」についても相談される必要があると思います。

❷ 選定には専門家の指導が必要

歩行補助具といっても歩行器（車）は機械です。しかも高価なものもあり、選定・購入の失敗は許されません。

最低でも2～3種のカタログを取り寄せ、自分なりの希望機種を選んで結構ですが、それから先は専門家と介護人の意見を聞いてその指導に従うのがコツです。

医療用の杖や歩行器（車）の専門家は、病院ではリハビリ医か理学療法士です。病院で治療している方は主治医を通して紹介してもらえば、適格な専門医が指導してくれるはずです。

また、在宅介護で現在診療していない方は、本年4月からは各市町村の在宅介護センター、もしくは末尾記載の公立介護機器展示場で相談にのってくれるはずです。

介護を受けることは国民の権利です。恥ずかしがらずに、遠慮せずに相談してください。

とくに公立展示場では、実物を見て、触って、説明してくれる相談員もいますので、利用価値は高いと思われます。末尾に所在地・電話番号がありますので、お近くにお住まいの方は利用することをお奨めします。

❸ 相談内容を明確に

何ごとも、他人に相談するには、相談内容を明確にする必要があります。そのためには、次表のようなメモを作成し、相談相手に理解できるように準備しておくべきです。

①あなたの病名、年齢、性別
②発病年月日
③病歴（手術歴など）
④現症
⑤歩行補助具と使いたい動機
⑥介護者の有無
⑦在宅介護・施設介護の別
⑧住所・氏名・電話番号
⑨その他

❹ 歩行器(車)の不向きの人

歩行器（車）は、すべて両手で操作するのが基本です。ですから、手指に障害がある人、マヒやしびれが慢性的に続いている人などは、どんなに欲しくても諦めざるを得ません。

と言っても、現代では、方向転換、段差の乗り越えなど、不自由な手でも使える機種があります。その中では、できれば操作のやさしい普通の機種を選びたいものです。

問題はブレーキ操作が可能かどうかです。押し手が摑めない場合は肘を載せる機種もありますが、操作が難しくなります。とくに下り坂では歩行器のみ先行することがあり、操作不十分では危険を伴います。

次に不向きな人の部類に「静かに座れない人」があります。

人は誰でも、座る時は徐々に腰を下ろしますが、この動作が不自由な人は、どしーんと体を落とすことになります。こうなってくると、機器の強度性に影響し、故障の元になりますので、不向きと言われています。

❺ 押し手の高さもポイントの一つ

歩行補助具などには、身長の高い人、腰の曲がった人、それぞれに異なりますので押し手の高さを調節する機能があります。

歩行器でも、押し手の高さが合わないと、前屈気味になったり、体を支える腕の力が入らなくなります。介護ショップで係りとよく相談し、あなたの背丈に合ったものを選ぶことが肝要です。

とくに、腰の曲がった人がシルバーカーやショッピングカーを押す場合の押し手の高さは、肩の高さと言われております。

また、普通の人の場合、押し手付きのシルバーカーやショッピングカーでは、腰をまっすぐに下ろした位置から、肘を約45°程度、軽く曲げた位置といわれております。

押し手の高さぐらいと軽視せず、専門家とよく相談してあなたに合ったものを選定するようにしましょう。

❻ 足元の広さの検討

標準型のシルバーカーや4輪型のショッピングカーを押しているとき、よく後輪の車輪につま先があたることがあります。

機種によっては、構造上の対策がなんら講じられていないものがあるのです。

選び方のポイントとしては、展示場で、現物を自分で押してみて、つま先のあたるような機器は避けるように注意したいものです。

❼ 収納性も考える

現代は、杖も同様ですが、折りたたみ式時代です。メーカー側も収納性を考えた歩行器（車）を研究しているはずですが、とくに在宅で使用する人は収納性も考慮に入れる必要があります。

とくに、住居が一戸建てか、マンションか、アパートかによって、それぞれ選ぶ大きさが違ってきます。

あらかじめ、収納位置を定めて、展示場で巻尺などで測ってみると安全です。

❽ 座面の広さと高さ

座面とは、押して歩き、「疲れたら休む」あの場所のことです。機種によっては幅が狭かったり、夏場は座れても、冬の厚着で座れなくなることもあります。

一般的には、座面の高さは高いほど立ち上がりが楽な反面、バランスは悪くなります。低ければ低いほどきゅうくつになりますが、バランスはよくなります。

これらの点も検討項目に入れて選ぶようにしましょう。

❾ 強度性も考える

製品安全協会の基準に合格している製品にはSGマークがついており、これらの機種は一定の強度を有しています。

しかし、この基準に合格していても、座面の耐荷重は150kgとしているそうです。人間は勢いよく、どっこ

禁止行為(C)

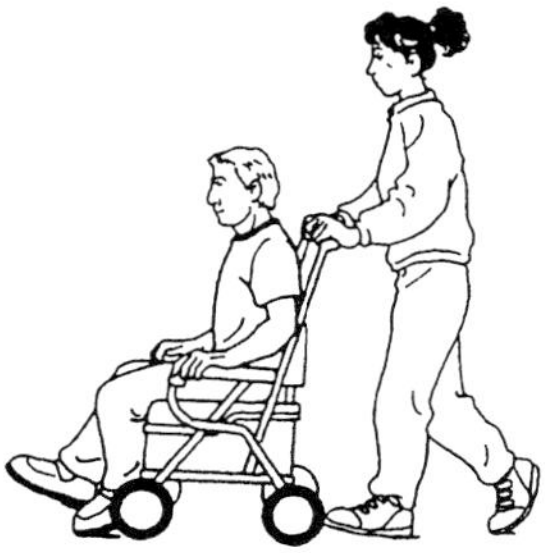
禁止事項 1

禁止事項 2

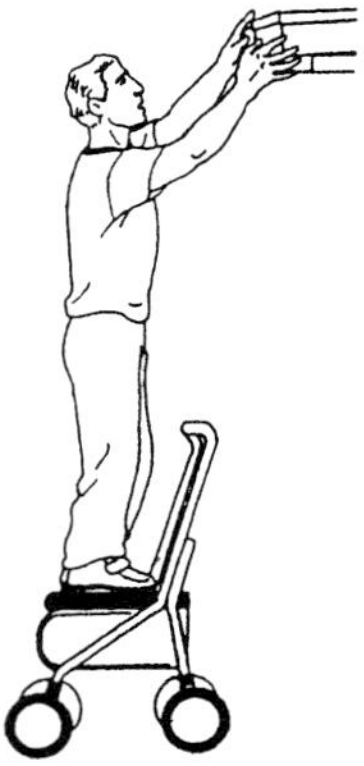
禁止事項 3

いしょと座りますと、体重の2～3倍程度の荷重が作用するそうです。

座面が割れた、車輪が曲がった、などのトラブルに巻き込まれない選び方が重要です。

10 安全確認

歩行器・歩行車とも、屋外用を使用する場合は第一に安全を確認しなければなりません。各器車とも機能上の配慮は十分行っていますが、すべての器械に使用上の注意があるのと同様に、歩行器（車）にも基本的な禁止事項があります。

禁止1　図のように、椅子に腰掛けたまま、誰かに押させること。

ときどき標準型シルバーカーなどの座席に座ったまま押してもらう風景を見ますが、このシルバーカーには、座ったときに、足を載せるフットレストがありませんので、足を持ち上げて乗っていなければなりません。足が地面とスレスレにあり、いつ地面についてしまうか不明です。足が地面に着くということは足首のねんざやひねる危険があり、ケガの元です。

また、歩行器（車）のブレーキはついていますが、朝晩の点検はしていません。そのためにもシルバーカーに人を乗せたまま走ることは禁止になっています。

禁止2　座席や収納スペースに子供を乗せたまま押すこと。

子供が歩き疲れると、目の前に椅子式の歩行器（車）があるので乗せたくなるのは至極当然です。駐車中の場合は心配ありませんが、移動中となると、いかに子供でも考えものです。ベビーカーはブレーキなど、緊急の防御機構が完備されていますが、歩行器（車）にはまだないのです。収納ケースの安全度も、現在は製品安全協会の基準ではまだ規定されていません。子供を乗せるのはベビーカー、小荷物を載せるのは歩行器（車）と考えてください。

禁止3　座席を踏み台にして立ち上がらないこと。

歩行補助車には、駐車ブレーキが付いていますが確実にかかっているかどうかはわからない場合があります。踏み台として、人が立ち上がるのには、危険と思ってください。

「参考文献」

(1)　『楽に・安全に歩こう―シルバーカーなどの歩行補助車の選び方、使い方』東京都福祉機器総合センター

(2)　各社パンフレット

「指導」順天堂浦安病院リハビリ室

5

介護保険と歩行補助具

介護保険で変わった点と変わらない点

2000年4月1日、歴史的な介護保険がスタートしました。ケアプランなど一部大混乱に陥ったものもあったようですが、大部分は諸事万端スムーズに進行したように思われます。

ところで、皆様も同様と思われますが、この保険の実施で、杖・歩行器などの「歩行補助具」への適用は、今までとどこが、どう変わったのでしょうか。特に価格はどう変わったのでしょうか。誰もが知りたい問題点と思われますので、この項では価格を含めて今までと変わった点と不変の点について簡単に触れてみたいと思います。

1）身体障害者用の杖や歩行器は不変

補装具とは、身体の部分的欠損または機能の損傷を直接的に補うことにより、日常生活能力の回復に寄与する器具のことをいいます。このような人工的工作物を用いることによって、相当程度にその身体機能を補い、日常生活に利便を得ることが多いので、身体障害者福祉法に基づいて、補装具の交付または修理に要する費用を公費負担しています。

しかし、この公費負担に際しては、一般健康保険や労働災害補償等の他法の適用が優先されます。また、本人または扶養義務者の所得に応じ費用徴収が行われます。この制度は介護保険が実施されても不変でした。

主な対象品目	肢体不自由者のため	義肢、装具、**車いす**、**電動車いす**、**歩行器**、集尿器、**歩行補助杖**、座位保持装置
	聴覚障害者のため	補聴器
	音声機能障害者のため	人工咽頭（笛式、電動式）
	視覚障害者のため	**盲人安全杖**、義眼、点字器、遮光眼鏡
	膀胱・直腸障害者のため	ストマ用装具

2）65歳以上の高齢者の医療費も不変

現在、65歳以上の高齢者の医療は、国の制度により「老人保健」により支えられています。外来治療では月３回まで１回530円、入院治療では、１日1200円の自己負担以外、すべて医療保険で治療できます。

４月１日の介護保険実施により、一部変

更が心配されていましたが、今回の介護保険の実施では一切無関係となり、従来通りと変化はありません。

3）杖・歩行器（歩行補助具）の価格

4月1日の介護保険の実施により、最も変わった点の一つは、今まで介護用品とか、日常生活用具といわれていたものが福祉用具となり、そのサービスが受けられるようになったということです。

本書関係の歩行補助具では、後述するように、杖・歩行器・車いす・手すりなどの一部が福祉用具に限定されましたが、このサービスを利用しようとする者は、まず市役所に申し出て、介護の認定を受けなければなりません。この認定により「要介護」と決定したものは、1～5までのランクに関係なく、このサービスが受けられることになっています。

また、価格については「給付」と「レンタル」に分かれていますが、杖・歩行器・車いすなどの歩行補助具は「レンタル」となり、1割負担で貸与されます。

「給付」のものは、主に排泄や入浴用品などの「汚れ」を伴うものですが、本書とは無関係ですので割愛いたします。

なお、詳しく知りたい場合は、各市町村の在宅介護センターに問い合わせてください。

4）福祉用具はどこで買えるか

杖や歩行器（車）を含めて、要介護者の福祉用具はどこで買えるでしょうか。まず、居住する市町村の在宅介護センターに問い合わせてください。市町村によっては、介護ショップといって、この種の用具を専門に扱うお店があるはずです。ただし、都市近郊以外はないところも多いと思われますが、その場合も在宅介護センターの指示に従うようにしてください。

5）福祉用具以外の杖や歩行器（車）はどこで買えるのでしょうか

医療の杖は、お医者さんの診療の一環としてつくられる杖ですが、その場合は、かかり付けの主治医に申し出てください。リハビリ医か、理学療法士がつくってくれます。その場で、つくってもらえるところも多くありますので、地域のできるだけ大きい病院を選ぶのがコツです。

6）身体障害者用はどうでしょうか

身体障害者用のものはかかり付けのお医者さん、もしくは上記と同じく、できるだけ大きい病院に相談してください。身体障害者福祉法により、無料または一部負担でできるはずです。

7）おしゃれの杖をつくりたいのですが。

おしゃれの杖は保険対象外です。自分の好みでつくる杖ですが、この場合は専門店、もしくは有名デパートへ行ってください。

専門店としては、「チャップリン」を推薦します。東京にはこの店以外ありませんが、インターネットも利用できるはずです。電話番号は03-5454-1431です。

8）定められた福祉用具の種類

福祉用具の歩行補助具といっても、その

種類は多くあります。この数多い種類の中から認定された福祉用具は以下の通りです。

9）安全杖

- 松葉杖
- カナデアン・クラッチ（日本ではあまり使われない）
- ロフストランド・クラッチ
- 多点杖

1本杖は該当しません。

10）歩行器（車）

- 2輪、3輪、4輪のものであって、体の前および左右を囲む把手を有するもの。
- 四肢を有するものにあっては、上肢で保持して移動させることが可能なもの。

11）車いす

- 自操用標準型車いす

・介助用　　　　〃
・普通型手動車いす
・車いす付属品

なお、スポーツ用に改良された車いすは除外されています。

12）手すり

① 居宅の床に置いて使用すること等により、転倒予防もしくは移動または移乗動作に資することを目的とするものであって、取付けに際し工事を伴わないもの。

② 便器またはポータブルトイレを囲んで据え置くことにより、座位保持、立ち上がり、または移乗動作に資することを目的とするものであって、取付けに際し工事を伴わないもの。

●高齢者総合相談センター（シルバー110番）の相談窓口

高齢者とその家族のための相談窓口。医療•福祉に関する相談全般に応じています。電話がプッシュホン下記電話番号ではなく「#8080」を押すと、自分の住んでいる都道府県のセンターにつながります。

名称	電話番号	名称	電話番号
北海道高齢者総合相談センター	011-251-2525	滋賀県高齢者総合相談センター	077-566-0110
青森県高齢者総合相談センター	0177-35-1165	京都府高齢者総合相談センター	075-221-1165
岩手県高齢者総合相談センター	019-625-0110	大阪府高齢者総合相談情報センター	06-6875-0110
宮城県高齢者総合相談センター	022-219-1165	兵庫県中央高齢者総合相談センター	078-360-8522
秋田県高齢者総合相談センター	018-829-4165	奈良県高齢者総合相談センター	07442-9-0110
山形県高齢者総合相談所	0236-22-6511	和歌山県高齢者総合相談センター	0734-35-5212
福島県高齢者総合相談センター	0245-24-2225	鳥取県ことぶき高齢者事業センター	0857-21-1165
茨城県高齢者総合相談センター	029-243-8822	鳥取県高齢者・障害者総合相談センター	0852-32-5955
栃木県高齢者総合センター	028-627-1122	岡山県高齢者サービス相談センター	086-224-2525
群馬県高齢者総合相談センター	027-255-6100	広島県健康福祉総合相談センター	082-254-3434
埼玉県権利擁護総合相談センター	048-648-0110	山口県福祉総合相談支援センター	0839-22-1211
千葉県高齢者総合相談センター	043-227-0110	徳島県高齢者総合相談センター	088-654-8110
東京いきいきらいふ推進センター福祉よろず相談	03-3269-4165	香川県高齢者総合相談センター	0878-63-4165
神奈川県福祉プラザ	045-322-0110	愛媛県高齢者総合相談センター	089-926-0808
新潟県高齢者総合相談センター	025-285-4165	高知県高齢者総合相談センター	0888-75-0110
山梨県高齢者総合相談センター	0552-54-0110	福岡県高齢者総合相談センター	092-584-3344
長野県高齢者総合相談センター	026-226-0110	佐賀県シルバー情報相談センター	0952-30-2565
富山県高齢者総合相談センター	0764-41-4110	長崎県高齢者総合相談センター	095-847-0110
石川県高齢者情報相談センター本多町相談室	076-224-0123	熊本県高齢者総合相談センター	096-325-8080
福井県高齢者総合相談センター	0776-25-0294	大分県高齢者総合相談センター	0975-58-7788
岐阜県高齢者総合相談センター	058-262-0110	宮崎県高齢者総合相談センター	0985-25-1100
静岡県高齢者総合相談センター	054-253-4165	鹿児島県シルバー110番	099-250-0110
愛知県高齢者総合相談センター	052-202-0110	沖縄県高齢者総合相談センター	098-869-0110
三重県高齢者総合相談センター	059-228-5000		

の全国公的展示場●

れている場合があります。また、展示場では理学療法士や
ナーで加齢にともなう身体の変化を体験することができま
ださい。

都道府県	名　　称	電話番号
三重	高齢者総合相談センター	059-228-5000
滋賀	介護実習・普及センター	077-567-3909
京都	京都府介護実習・普及センター	075-241-0300
	洛西ふれあいの里　保養研修センター	075-333-4651
大阪	府立介護実習・普及センター	0726-26-3381
兵庫	総合リハビリテーションセンター 福祉用具展示ホール	078-927-2727
	神戸市福祉機器総合ホール	078-743-8320
	福祉機器情報コーナー	078-271-5325
	福祉機器展示コーナー	078-577-0321
奈良	社会福祉総合センター	0744-29-0111
鳥取	介護実習・普及センター	0857-21-9231
岡山	高齢者サービス相談センター	086-224-2525
広島	介護実習・普及センター	082-254-1166
山口	福祉総合相談支援センター	0839-22-1211
	介護実習・普及センター	0839-87-1320
愛媛	介護実習・普及センター	089-921-5140
高知	ふくし交流プラザ	0888-44-9007
福岡	介護実習・普及センター	092-731-8100
佐賀	シルバー情報相談センター	0952-30-2565
長崎	すこやか長寿財団　介護実習・普及課	095-847-5212
大分	社会福祉介護研修センター	0975-52-6888
宮崎	宮崎県介護実習・普及センター	0985-32-0160
沖縄	高齢者総合相談センター	098-869-0110

●介護機器、介護用品

展示は、下記以外にも各地の在宅介護センターなどで行わ
作業療法士のアドバイスを受けたり、高齢者疑似体験コー
す。どんなサービスが用意されているかはお問い合わせく

都道府県	名　　称	電話番号
北海道	北海道介護実習・普及センター	011-271-0458
青森	青森県介護実習・普及センター	0177-74-3234
岩手	岩手県介護実習・普及センター	019-625-7490
宮城	宮城県高齢者総合相談センター	022-219-1165
福島	福島県高齢者総合相談センター	024-524-2225
茨城	介護実習・普及センター福祉機器展示ホール	029-244-4425
栃木	栃木県福祉用具展示相談センター	028-624-4833
埼玉	福祉機器展示場	048-648-0108
東京	東京都福祉機器総合センター	03-3235-8571
神奈川	神奈川県福祉プラザ	045-312-1121
	厚木市総合福祉センター	0462-25-2525
	川崎市高齢社会福祉総合センター	044-976-9001
	相模原市社会福祉協議会	0427-49-2091
	大和市社会福祉協議会	0462-60-5633
	横須賀市立総合福祉会館	0468-21-1300
新潟	新潟県介護実習・普及センター	025-281-5525
富山	高齢者総合相談センター	0764-41-4110
	県福祉カレッジ　介護実習・普及センター	0764-93-2940
福井	高齢者総合相談センター 福祉機器・介護用品展示コーナー	0776-25-0294
長野	社会福祉総合センター　福祉機器展示コーナー	026-227-5201
	介護センター展示コーナー	0266-52-0777
岐阜	岐阜県介護実習・普及センター	058-239-8063
愛知	県社会福祉協議会　福祉機器展示コーナー	052-232-1181

索　　引

ア　行

カ　行

索　引

サ　行

タ　行

ナ　行

ハ　行

マ・ヤ行

ラ　行

「あとがき」

赤ん坊が、不安気な顔でヨチ〳〵歩き出した時、回りのおとな達は皆拍手喝采して喜ぶ。やがて歩行器に体を預けスピードが出ると本人も歩く楽しさを知る。そして年を重ねて足腰が弱くなると再び歩行器や補助具を使う。

人は時として、大きな勘違いをする。例えば、〝自然を守ろう〟などという。人間も自然界の一部なのに破壊し続けているのだから〝自然に謝ろう〟であろう。〝高齢者や身障者を世話して上げよう〟ではなく〝今、共に生かされていることで共生しよう〟であり、今や「障害は個性」という考え方に変ってきた。

そんなに力んで、バリアフリーとかユニバーサルデザインとか共用品など声高にいう事ではない。

子供・老人・健常者・身障者皆同じ目の高さで共に考え、互いに尊重し合うことが、ごく自然体であろう。

日本人の好きな言葉に〝無難〟というのがある。〝コレはブナンな色だ〟とか〝ブナンなデザインだ〟と物を買う時なども基準にする。そんな会話を耳にする時、何か保護色的なニュアンスを受ける。常に他人から見た時に、どう思われるかで物事を決めるのはナンセンスだ。

けれど、足腰が弱くなれば早めに恰好の良いステッキを使って、他人から「何とおしゃれな人」と思われるのも悪くはない。「人」という字は何か人間が杖を使って歩く姿のように私には思える。杖の使用は、賢者の知恵である。

ひと昔前、メガネを掛けている人、特に女性は肩身の狭い思いをしたに違いない。その頃、誰れが顔の真中にダイヤやルビーが光る事を想像しただろうか。今やメガネはアクセサリーとして、ダテで使用している人もいる。

ボタン一つで開くワンタッチ傘を、誰れも〝共用品〟等とはいわない。要は意識の問題である。

人類の発展は、道具を使える事にあった。ステッキを使って良い姿勢で歩くのは、背中の曲り予防にもなり、内蔵への圧迫もなくせる。

私も、ようやくピンクの似合う年になった。東京渋谷の「チャップリン」では、いつも若者達からも『ワア！カッコイ〜』と声があがる。これからも、キラ〳〵光るラインストンを嵌め込んだ美しい花模様のステッキやパリコレに負けないファッショナブルなステッキを、作り続けていきたいと思っている。

愛や幸せ、喜びのティンカーベルの出る杖をあなたに、お届けしたい。それが私の願いです。

二〇〇〇年

山田澄代

新刊案内

書　籍　がん医療の現在（いま）2000-I

国立がんセンター中央病院 がん医療サポートチーム 編

前国立がんセンター研究所部長　長尾美奈子
国立がんセンター東病院院長　海老原敏 共著／B5判／定価700円

がんの予防のために日常生活でできることは？　がんに罹るのは怖い？　誤ったがん情報がとびかう現在，「がんの正しい知識」の普及のために開かれた市民公開講演会が本になりました。

書　籍　がん医療の現在（いま）2000-II

国立がんセンター中央病院 がん医療サポートチーム 編

国立がんセンター研究所部長　津田洋幸
国立がんセンター東病院副院長　吉田茂昭 共著／B5判／定価700円

市民公開講演会記録の続刊。話題のカテキンやラクトフェリンなどさまざまな物質のがん予防効果についてと，胃・食道・肝がんの最新の治療方法とその選択についての2講演を収める。